small scale · pequeña escala

© Editorial Gustavo Gili, SA, Barcelona, 1998

Impreso en España
ISBN: 3-927258-80-6
Depósito legal: B. 21.713-1.998

Creator of the Bibliothèque Nationale de France, François Mitterand's ultimate grand project, Dominique Perrault is known for large-scale interventions like the Berlin Velodrome and for his town planning schemes like the île de Sainte-Anne in Nantes. Here GG Section offers a more intimate vision, a look at the less familiar side, a rapprochement to the small-scale work of this major French architect. A restoration and a greenhouse, a stand for a fair and the entrance to a metro station, an apartment building and the design for Perrault's own house provide a varied typological panorama which permits the architect to reflect on scale and formal change, on spaces and signs, on proportion and materials, so as to finally reveal the conceptual and formal complexity of transparency in architecture.

INTRO

El autor de la Biblioteca Nacional de Francia, el último *gran trabajo* de François Miterrand, es conocido por sus grandes intervenciones, como el velódromo en Berlín, y por sus planificaciones urbanísticas, como la isla de Sainte-Anne en Nantes. GG Section ofrece una visión más intimista, una aproximación al lado desconocido, un acercamiento a la pequeña escala del gran arquitecto francés. Una rehabilitación y un invernadero, un *stand* de feria y la entrada a una estación de metro, un edificio de viviendas y el proyecto para la propia vivienda de Perrault ofrecen una panorámica tipológica muy variada que permite al arquitecto reflexionar sobre la escala y sus cambios formales, sobre los espacios y los signos, sobre proporción y materiales, para terminar desvelando la complejidad conceptual y formal de la transparencia en arquitectura.

Typology **Tipología**
Greenhouse
**Invernadero**
Location **Localización**
Cité de la Science et de l'Industrie.
La Villette, Paris.
Area **Superficie**
800 m²
Date **Fecha**
1997

# Greenhouse-Museum, **Paris**

Within the context of a renewal program for the permanent exhibitions in La Cité de la Science et de l'Industrie in La Villette, Paris, Dominique Perrault designed an 800 m² greenhouse for displaying the biotechnologies developed in agriculture and the latest technologies applicable to crop-growing. Transparent and luminous, the greenhouse –erected inside another building– offers the vegetal image of its well-ordered nurseries and hides, behind its apparent simplicity, technical ideas and an experimental mise-en-scène.

The building has been erected four meters above the ground and is supported on a set of metal pilotis. This structure permits one to free the ground floor, which is thereby converted into an ample hypostyle hall for information, reception and documentation on crop-growing, with panels and showcases of different reference materials and large tables for consulting data on agricultural themes. The open ground floor via which one accedes to the greenhouse occupies the level corresponding to the third floor of La Villette's other buildings.

The almost aerial, transparent volume of the greenhouse is inspired by the industrial hothouses used by horticulturists. The structure is completely devoid of pillars and load-bearing walls. It is on the actual shell of the building and some of its exhibition spaces that the greenhouse is supported. The showcases and display panels are made of the same transparent glass as the building, and their positioning indicates the circulation system and organization of the museum. The ceiling of the hypostyle information hall, the floor of the exhibition level that is to say, subsumes, in a metal structure, the complex network of installations –for watering, ventilation and temperature control– necessary for the maintenance of the plant cultures. The lighting –an extremely problematic issue, bearing in mind that the greenhouse where the plants grow is enclosed within another larger building– is resolved by hanging the light fittings from the structure of the surrounding building, so that the light does not affect the temperature inside the greenhouse. Hanging from the same support as the lighting system is a large safety curtain of semi-transparent fireproof fabric which, when extended, completely covers the cubic volume of the building. This protective net contributes to the maintenance and insulation of the greenhouse, at the same time as adding its own dramatic input to the apparent simplicity of the building.

## Museo-invernadero, **París**

En el marco de un programa de renovación de las exposiciones permanentes de La Ciudad de las Ciencias y la Industria, en La Villette de París, Dominique Perrault proyectó un invernadero de 800 m² para la presentación de las biotecnologías desarrolladas en agricultura y de las tecnologías punta aplicables a los cultivos. Transparente y luminoso, el invernadero –levantado en el interior de otro edificio– presenta la imagen vegetal de sus planteles organizados y esconde, tras su aparente sencillez, ideas técnicas y escenográficas experimentales.

El edificio ha sido elevado cuatro metros sobre el nivel del suelo y se apoya en una red de pilotis metálicos. Esta estructura permite liberar la planta baja, que queda así convertida en una amplia sala hipóstila de información, recepción y documentación sobre los cultivos, en la que se exponen paneles y vitrinas con diversas referencias y amplias mesas para la consulta de datos referentes a temas agrícolas. La planta baja y abierta por la que se accede al invernadero ocupa el nivel correspondiente al tercer piso en el resto de los edificios de La Villete.

El volumen transparente, casi aéreo, del invernáculo está inspirado en los invernaderos industriales utilizados por los horticultores. La estructura carece totalmente de pilares o muros portantes. El invernadero se apoya en la es-

The 800 m² greenhouse is erected on the third floor of an existing building in La Cité de la Science et de l'Industrie in La Villette, Paris.

**El invernadero, de 800 m², se levantó en el tercer piso de un edificio existente en La Ciudad de las Ciencias y de la Industria de La Villette, París.**

tructura existente y en algunos de sus espacios de exposición. Las vitrinas y paneles expositivos están realizados con el mismo vidrio transparente con que está construido el edificio, y su ubicación indica la circulación y la organización del museo.

El techo de la sala hipóstila de información, es decir el suelo de la planta de exposición, recoge en una estructura metálica la compleja red de instalaciones –de regado, ventilación y temperatura– necesaria para el mantenimiento de los cultivos. La iluminación, una cuestión muy delicada teniendo en cuenta que el invernadero donde crecen las plantas está encerrado en otro edificio mayor, se resolvió colgando los sistemas de iluminación de la estructura del edificio envolvente para que la luz no afectase a la temperatura en el interior del invernadero. Del mismo soporte del que pende el sistema de iluminación se colgó un gran telón de seguridad de tejido ignífugo semitransparente que, extendido, cubre por completo el volumen cúbico del edificio. La red protectora contribuye al mantenimiento y al aislamiento del invernadero, al tiempo que enriquece la aparente sencillez del inmueble con una carga escenográfica.

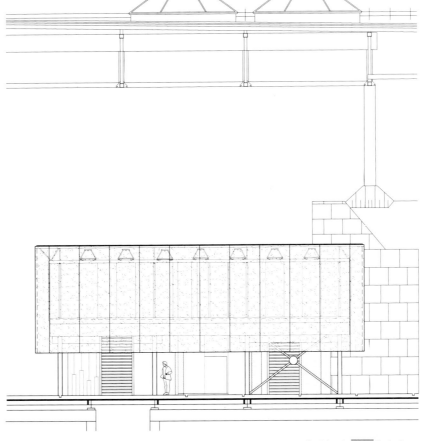

When extended, a large safety curtain of semi-transparent fireproof fabric covers the cubic volume of the building.

**Un gran telón de seguridad de tejido ignífugo semitransparente cubre, cuando se extiende, el volúmen cúbico del edificio.**

The difficulty of lighting a building in which plants are growing, and which is in turn enclosed within another, much larger edifice, is resolved by hanging the light fittings from the structure of the surrounding building

**La dificultad de iluminar un edificio en el que crecen plantas, y que a su vez está encerrado en un inmueble mayor, se resolvió colgando sistemas de iluminación de la estructura del edificio envolvente.**

South façade `1:200` **Fachada sur**

Longitudinal section `1:200` **Sección longitudinal**

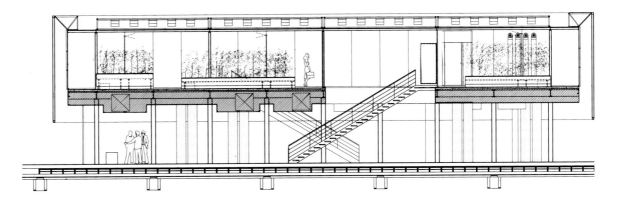

The greenhouse has been erected four meters above the ground and is supported on a set of metal pilotis. The ground floor of the building is thereby converted into a hypostyle hall for information, reception and documentation.

**El invernadero se elevó cuatro metros sobre el nivel del suelo y se apoyó en una red de *pilotis* metálicos. De esta manera, la planta baja del edificio se convirtió en una sala hipóstila de información, recepción y documentación.**

Contained within the ceiling of the hypostyle hall is the complex network of installations –for watering, ventilation and temperature control– necessary for maintenance of the plant cultures.

**En el techo de la sala hipóstila se concentra la compleja red de instalaciones –de regado, ventilación y temperatura– necesaria para el mantenimiento de los cultivos.**

The showcases, information terminals and display panels are constructed of the same metal, wood and transparent glass as the building.

**Las vitrinas, terminales de información y los paneles de exposición están construidos con los mismos materiales, metálicos, de madera o de vidrio transparente que el edificio.**

The interior image of the greenhouse devolves from the organization of the nurseries.

**La imagen interior del invernadero es la que resulta de la organización de sus planteles.**

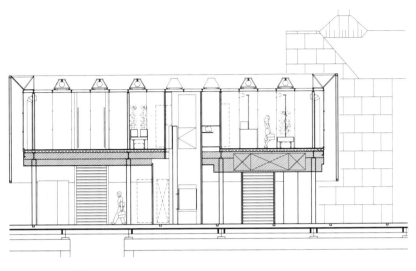

Transversal section 1:200 **Sección transversal**

The transparent showcases indicate the circulation system and organization of the museum without visually obstructing the layout.

**Las vitrinas transparentes marcan la circulación y la organización del museo sin entorpecer visualmente los recorridos.**

In the hypostyle hall through which the greenhouse-museum is reached there are panels and showcases offering information, and on the large tables it is possible to consult data on agricultural themes.

**En la sala hipóstila por la que se accede al museo-invernadero, paneles y vitrinas ofrecen informaciones preparatorias, y en amplias mesas es posible consultar datos referentes a temas agrícolas.**

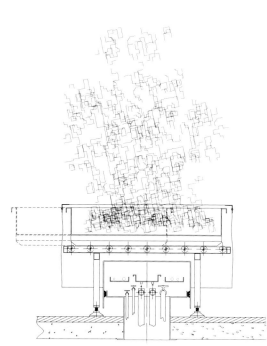

Flowerpot section  **1:20**  **Sección de mesa de cultivo**

The transparency of the greenhouse roof enables the structure of the surrounding building to be used for siting the light fittings. In this way the light does not effect the temperature inside the greenhouse.

**La transparencia de la cubierta superior del invernadero permite utilizar la estructura del edificio envolvente para situar en ésta los aparatos de iluminacion. De esta manera, la luz no afecta la temperatura interior del invernadero.**

The transparent volume of the greenhouse is inspired by the industrial hothouses employed by horticulturists.
The raising of the floor reinforces its transparency and gives it an almost aerial quality.

**El volumen transparente del invernáculo está inspirado en los invernaderos industriales realizados por los horticultores.
El levantamiento del suelo refuerza su transparencia y le otorga cualidades casi aéreas.**

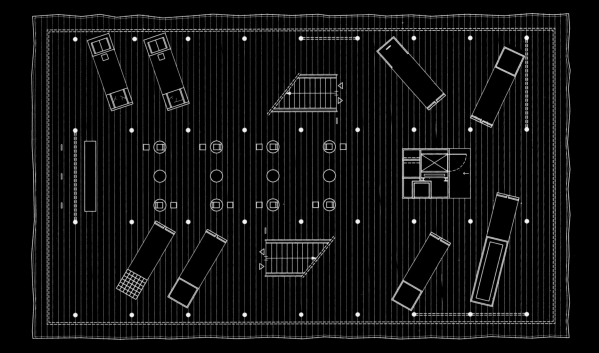

Lower level plan, museum `1:200` **Planta baja, espacio museográfico**

The safety curtain contributes to the maintenance of the building, isolating the greenhouse and lending it drama.

**El telón de seguridad contribuye al mantenimiento del edificio aislando el invernadero, al tiempo que le otorga una carga escenográfica.**

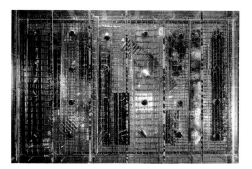

Seen from above, two views of the model of the building reveal the complex rooftop system of blinds and the simplicity of the idea of covering the greenhouse with a safety curtain.

**Dos aspectos de la maqueta del edificio vista desde arriba permiten comprender la complejidad del sistema de instalaciones tejido en su cubierta y la sencillez de la idea de cubrir el invernadero con un telón de seguridad.**

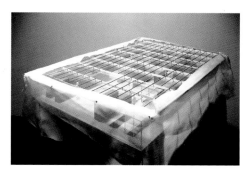

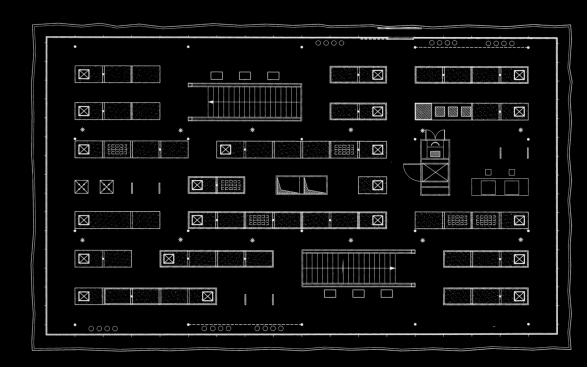

Upper level plan, garden `1:200` **Planta alta, jardín**

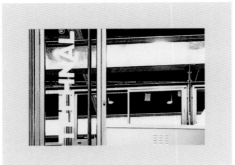

Typology **Tipología**
Stand
**Stand**
Location **Localización**
Paris Building Trade Fair
**Feria de la Construcción, París**
Area **Superficie**
400 m²
Date **Fecha**
1993

# **Technal** stand

For the Technal Company stand at the 1993 Paris Building Trade Fair Dominique Perrault opted for the theatrical idea of mise en scène. Proceeding from the organization of a number of backgrounds, against which the stage set was suspended, the projected space formed an island of its own in the general layout of the Fair.

The stand could be approached from all four sides, while the floor surface remained free due to the cantilevered structure on which the commercial products –doors, windows, shutters– being shown were suspended. This enabled a great number of visitors to be accommodated and to circulate freely among the hanging sets. The structure was made up of steel strips forming huge archways, along the lines of meccano.

From the outset Perrault conceived this work, not as a decorative design, but as an architectural project of some 400 m². The basic idea was, in fact, the representation of architectural elements in a real and concrete building situation. The relation between the commercial display surfaces and the steel load-bearing structure was constructed in the same way as in a building. Notwithstanding this, the original idea set out to exemplify the search for an architecture that might free itself of its own weight. And not in vain the suspension of architectural elements floating in empty space goes on being a utopia we still fantasize about.

## Stand **Technal**

Para el *stand* de la empresa Technal en el Salón de la Construcción de París de 1993, Dominique Perrault se inclinó por la idea de una puesta en escena teatral. Partiendo de la organización de las bambalinas sobre las que se suspende el decorado en un escenario, el espacio proyectado constituía un islote en el plano general del Salón.

Al *stand* se podía acceder por los cuatro lados y la superficie del suelo quedaba libre gracias a la estructura volada sobre la que se suspendían los productos industriales en exposición –puertas, ventanas, contraventanas...– Esto permitía acoger un gran número de visitantes, que circulaban entre los decorados colgantes. La estructura –a modo de mecano– estaba compuesta de perfiles de acero formando grandes arcos. Perrault concibió este trabajo, desde el principio, como un proyecto de arquitectura de 400 m² y no como un proyecto de decoración. De hecho, la idea base era la presentación de elementos de arquitectura en una situación de construcción real y concreta. La relación entre las fachadas industriales y la estructura portante de acero estaba construida tal y como lo está en un edificio. No obstante, aquella misma idea inspiradora quería expresar también la búsqueda de una arquitectura que se liberase de su propio peso. No en vano, la suspensión de elementos arquitectónicos flotando en el vacío sigue siendo una utopía con la que todavía se sueña.

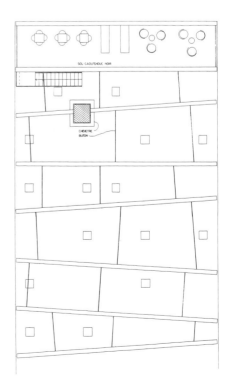

The stand was organized by using various backgrounds, against which the different décors making up the commercial displays were hung.

**El *stand* se organizó a partir de unas bambalinas sobre las que se suspendían los diversos decorados que formaban el escenario comercial.**

Suspending the industrial products on display permitted the free and unobstructed use of the stand's four frontages.

**La suspensión de los productos industriales expuestos permitía el uso libre y abierto de las cuatro fachadas del *stand*.**

Emulating a constructional situation, various architectural components were distributed around the base of the stand, where they helped regulate circulation.

**En la base del *stand*, organizando su circulación, se repartieron varios componentes arquitectónicos emulando una situación de construcción.**

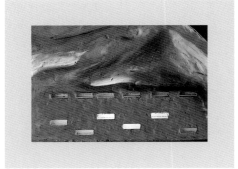

Typology **Tipología**
Country house
**Vivienda en el campo**
Location **Localización**
Normandy, France
**Normandía, Francia**
Area **Superficie**
400 m²
Date **Fecha**
1998

# **Perrault** house

Is this house really a house? Taking this question as his starting point, Dominique Perrault set out to build his own house in Normandy, a project which is founded, moreover, on the dialectic of presence and absence in architecture, an abiding theme in an oeuvre which is increasingly concerned with the notion of landscape as a relational element between architecture and nature.

The implantation in the landscape of the architect's house, together with its idiosyncratic nature - at once subterranean and luminous, thanks to the ample glass facade and metal structure - raise questions that are both primal and contemporary. Can we live below ground? Can we reencounter the cave of primordial humanity as the first locus of feeling related to man's presence on Earth? Proceeding from such questions the architecture of this project seeks after experience in an endlessly renewed experiment aimed at trying to understand, feel and live in greater harmony with the environment. Physical experience being the ground of knowledge, this search after sentient emotion has its analogy, according to Perrault, in Francis Bacon's ideas on emotion in painting, which should reach the brain without passing through the intellect.

For its creator ideas like well-being and genius loci are among the factors inspiring the construction of this dwelling in particular, and which ought to inspire design and architecture in general, ignoring the clichés and conventions of artistic rules the conformism of modern society all too often cleaves to.

## Casa **Perrault**

¿Es esta casa una casa? A partir de esta pregunta quiso Dominique Perrault construir su vivienda en Normandía, un proyecto que se fundamenta, además, en la dialéctica de la presencia y la ausencia de la arquitectura, un tema de permanente reflexión en su trabajo, cada vez más interesado por el concepto de paisaje como elemento de relación entre arquitectura y naturaleza.

La inmersión en el paisaje de la casa del arquitecto y su peculiar carácter –a la vez subterránea y luminosamente abierta gracias a la amplitud de la fachada de vidrio y estructura metálica– evocaban cuestiones simultáneamente primitivas y contemporáneas: ¿Se puede vivir bajo tierra? ¿Se puede volver a encontrar la cueva de los primeros días de la humanidad como sentimiento original de la presencia del hombre sobre la tierra? Desde estos interrogantes, la arquitectura de este proyecto busca ser una experiencia, una experimentación interminablemente renovada para tratar de comprender, para sentir y para intentar convivir mejor con el medio ambiente. Esta búsqueda de emociones sensibles, sólo comprensibles si se viven físicamente, encontraba según Perrault una relación de analogía con las ideas de Francis Bacon sobre la emoción en pintura, que debería llegar al cerebro del hombre sin pasar por su intelecto. Conceptos como el de felicidad o *genius loci* están entre las razones que inspiran, para su autor, la construcción de esta vivienda en particular y deberían inspirar el diseño y la arquitectura en general, más allá de los lugares comunes y las convenciones de las reglas artísticas a las que, con frecuencia, se remite el conformismo de las sociedades modernas.

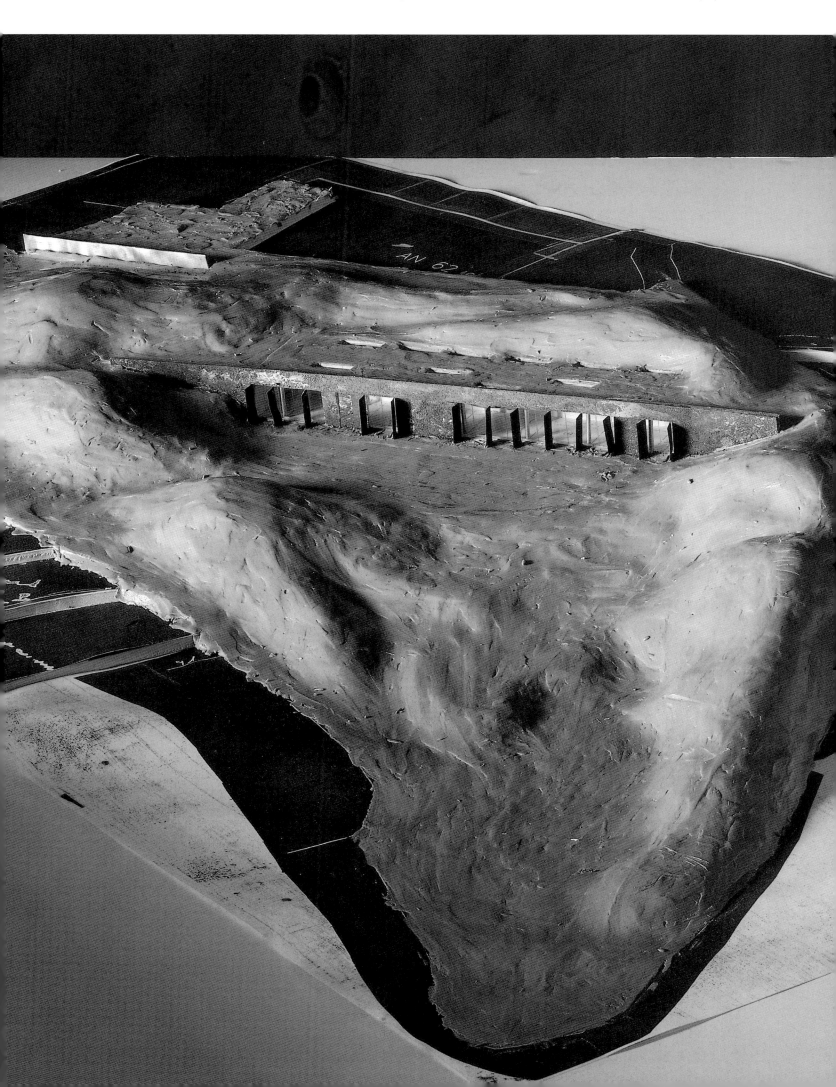

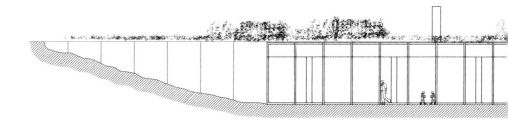

Elevation 1:200 **Alzado**

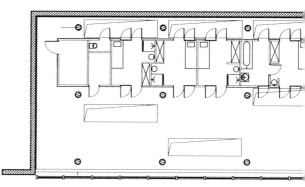

Plan 1:200 **Planta**

The architect's own house is founded
on the dialectic between the presence
and absence of the architecture.

**La propia vivienda del arquitecto
se fundamenta en la dialéctica
entre la presencia y la ausencia
de la arquitectura.**

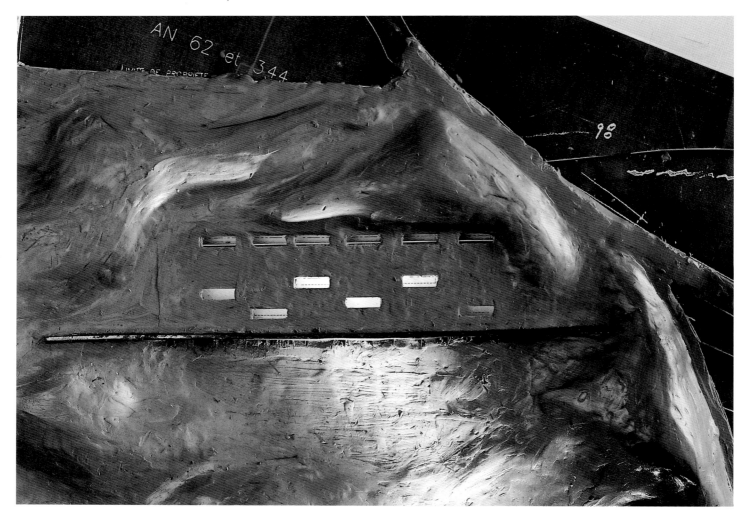

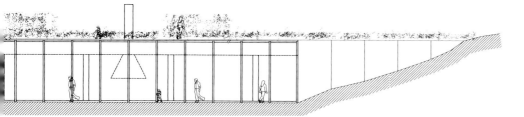

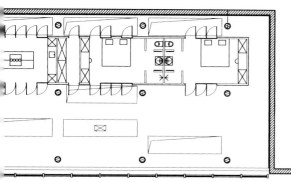

The interior of the house groups the bedrooms, bathrooms, kitchen and services together in a longitudinal band, around which the commcn living areas are articulated.

**El interior de la vivienda agrupa dormitorios, baños, cocina y servicios en una franja longitudinal alrededor de la cual se articulan las zonas comunes de estar.**

General plan `1:1000` **Planta general**

The house is at once subterranean and well-lit. The uneven ground and the use of a metal structure enable the house to be inserted into the landscape, and the dwelling to be sited on top of a curtain wall overlooking meadows and a river.

**La casa es a la vez subterránea y luminosa. Un desnivel en el terreno y el uso de una estructura metálica permite insertar la casa en el paisaje y recoger la vivienda sobre un muro cortina abierto sobre los prados y un río.**

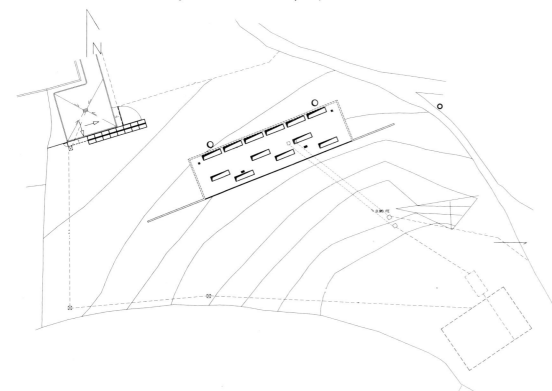
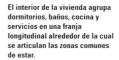

Typology **Tipología**
Conference center
**Centro de conferencias**
Location **Localización**
Saint-Germain-en-Laye. France
Area **Superficie**
4.000 m²
Date **Fecha**
1991

# Usinor-Sacilor
# Conference Center

A few months after seeing his design for the Grande Bibliothèque Nationale awarded a prize, Dominique Perrault won the competition to construct, in the grounds of a Saint-Germain-en-Laye park, a conference center for Usinor-Facilor, one of the most important steel-producing companies in France.

Perrault's program opts for peaceful coexistence between his project and a turn-of-the-century villa of more historical than architectural interest. This ultimately entailed avoiding a traumatic opposition between two kinds of architecture and two ways of functioning. To avoid problems of dialog between such a traditionally and typologically defined construction and a necessarily contemporary intervention, the scheme consisted in underpinning the existing building and positioning it on a glass surface beneath which one constructed, in a space seven meters deep, an auditorium, cafe and restaurant. In this way one was serving the aim of the assignment at the same time as embellishing and drawing attention to the old house.

The circular geometry of the new base seeks to offer an image of wholeness, simplicity and naturalness. Externally, it forms a focus for the many paths stemming from the park or the main access route. As to the interior, it provides for developing a concentric system which opens out around the old building, with a central section, an underground service and circulation area, a crown which integrates the restaurant and auditorium and, finally, a zone which combines emergency and service access.

The steel and glass disk –integrated by a double surface with adjustable seals– forms a light and heat filter with direct access from the inside and, from the outside, by means of a walkway which goes around the whole perimeter, providing for both the maintenance of, and entrance to, the Center. This metal walkway similarly helps demonstrate the differing potential of the steel, as in the load-bearing structure or the interior stairway which links the spaces for meetings –located in the old edifice– to those for communication –located in the new.

Due to the action of the sunlight the complex has an aqueous, shimmery look to it by day. At night the old villa appears as if suspended over a disk of light.

## Centro de Conferencias **Usinor-Sacilor**

Pocos meses después de ver galardonado su proyecto para la Gran Biblioteca Nacional, Dominique Perrault ganaba el concurso para construir, en el entorno de un parque en Saint-Germain-en-Laye, un centro de conferencias para Usinor-Sacilor, una de las empresas productoras de acero más importantes de Francia.

El programa de Perrrault plantea la convivencia entre su proyecto y una villa de principios de siglo con más interés histórico que arquitectónico. Se trataba, en definitiva, de evitar una oposición traumática entre dos tipos de arquitectura y dos modos de funcionamiento. Para sortear los problemas de diálogo entre una construcción tan marcada tradicional y tipológicamente, y una aportación necesariamente contemporánea, la propuesta consistió en apuntalar el edificio existente y colocarlo sobre una superficie de vidrio bajo la cual, a siete metros de profundidad, se construyó un auditorio, un café y un restaurante. De este modo, se atendía el propósito del encargo a la vez que se embellecía y destacaba el antiguo inmueble.

La geometría circular de la nueva base busca ofrecer una imagen de globalidad, sencillez y naturalidad. Exteriormente, hace converger los múltiples senderos provenientes del parque o del eje principal de acceso. En cuanto al interior, permite desarrollar un sistema concéntrico que se despliega en torno al edicificio antiguo, con una parte central, una zona subterránea de servicios y circulación, una corona que integra el restaurante y el auditorio y, finalmente, un cinturón que reagrupa los accesos de emergencia y servicios.

El disco de acero y vidrio –integrado por una doble superficie con cierres regulables– constituye un filtro de luz y calor con acceso directo desde el interior y desde el exterior, mediante una pasarela que circunda por el perímetro total, permitiendo tanto el mantenimiento como la entrada al Centro. Esta pasarela metálica contribuye, así mismo, a mostrar las diferentes posibilidades del acero, al igual que la estructura portante o la escalera interior que comunica los espacios de reunión –situados en la antigua construcción– con los de comunicación –situados en la nueva–.

Gracias a la acción de los rayos solares, de día el conjunto adquiere un cierto aire de espejismo acuático.

De noche, la antigua villa parece suspendida sobre un disco de luz.

Garden level plan `1:500` **Planta a nivel del jardín**

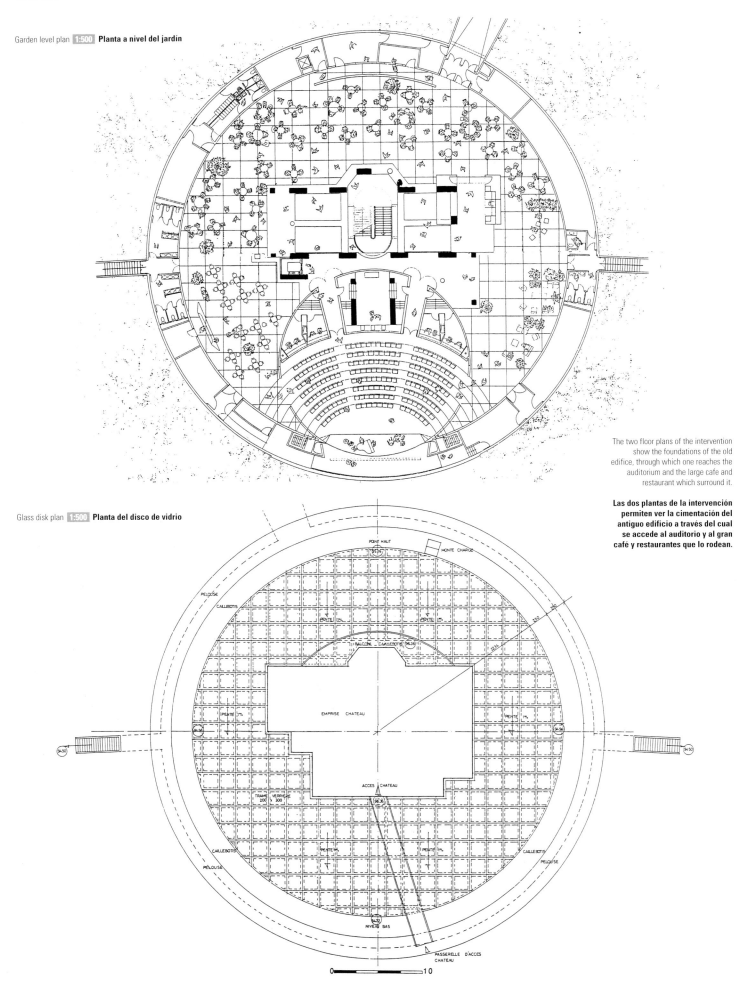

The two floor plans of the intervention show the foundations of the old edifice, through which one reaches the auditorium and the large cafe and restaurant which surround it.

**Las dos plantas de la intervención permiten ver la cimentación del antiguo edificio a través del cual se accede al auditorio y al gran café y restaurantes que lo rodean.**

Glass disk plan `1:500` **Planta del disco de vidrio**

A section of the model which shows the relationship between the old building and the novel transparent base where Perrault installed the new services for the center.

**Sección de la maqueta que permite observar la relación entre el antiguo edificio y la nueva base transparente en la que Perrault ubicó los nuevos servicios para el centro.**

In order to avoid too dramatic a confrontation between the existing building and the new intervention, Perrault highlighted the original edifice by positioning it on a glass surface, beneath which he constructed an auditorium, cafe and restaurant.

**Para evitar una oposición dramática entre el edificio existente y la nueva intervención, Perrault apuntaló el edificio original y lo colocó sobre una superficie de vidrio bajo la que construyó un auditorio, un café y un restaurante.**

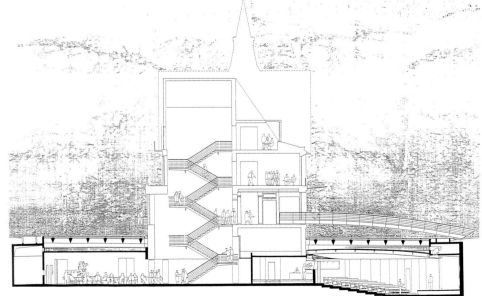

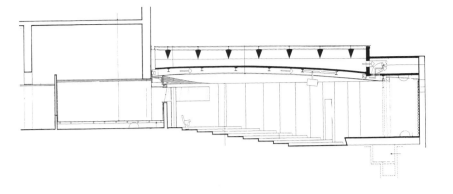

Auditorium sections **1:250** **Secciones del auditorio**

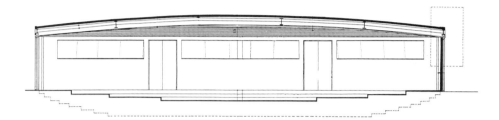

As far as the design and the
original building are concerned,
the circular geometry of the new
transparent base presents an
emphatic image of wholeness.

**La geometría circular de la
nueva base transparente
aporta una enfática imagen de
globalidad proyectual respecto
al edificio original.**

The steel and glass disk
—integrated by a double surface
of adjustable seals— forms a light
and heat filter.

**El disco de acero y vidrio
—integrado por una doble
superficie de cierres regulables—
constituye un filtro de luz y calor.**

The access stairs to the new underground area begin in the old building.

**La escalera de acceso a la nueva zona subterránea parte del antiguo edificio.**

Two views of the area around the auditorium entrance, intended to be used as a restaurant lit from above.

**Dos vistas de la zona que rodea el acceso al auditorio, prevista para ser utilizada como restaurante e iluminada cenitalmente.**

Typology **Tipología**
City planning
**Urbanismo**
Location **Localización**
Montreal. Canada
Area **Superficie**
2.000 m²
Date **Fecha**
1992

# Place D'Youville, **Montreal**

Right from the beginning Domique Perrault's project for the Place D'Youville took account of the dual nature of the space forming the object of intervention. In effect it could be argued that this actually involved two squares: one oriented towards the port, and the other towards the city center, towards the Rue McGill. In order to profit from the existence of a port, the first could have been articulated with a "Barcelona-style" urban parade had the whole area not ended up being fractured and diluted by its context. The second could have been integrated into the urban system of sequential avenues and square if viable settings and identifiable references had existed.

However, and without relying on the leading example of a number of European cities, the Place D'Youville, far from being a neutral space, forms one of the founding spaces of old Montreal, an historic place, however recent this history may be in this instance. In order not to lose sight of the central, genetic character of the square, this entailed finding a homogenizing element which would take account of its particular heterogeneity.

Starting from such premises, the intervention scheme consisted in throwing lines of cables from one facade to another, in no precise order and without esthetic premeditation, with the sole aim of creating a network of visual relationships, a new form of contact between buildings from different periods. In this way the "water line" between sky and earth would have its complement on the ground, where sheets of wood would serve to connect different points of the space. The elevated mesh, whose wires revive the idea of overhead power cables, would form a double structure: firstly, an upper 10 mm cable fixed to the buildings by plain articulated units in stainless steel; secondly, a lower 40 mm cable fastened to the first at a constant height of 10 meters. The lower cable would support the street lighting units, lamps of tubular design made of polycarbonate and stainless steel and placed in a straight line.

This mesh of wires provided a point of reference at the same time as it linked people's movement to the play of light and shade projected by the cables and the precise intervention of natural cycles: the snow settling on the mesh in winter or the shadow of the awnings which could be spread out on it in summer.

## Plaza D'Youville en **Montreal**

El proyecto de Dominique Perrault para la Place D'Youville tuvo en cuenta desde el principio el carácter dual del espacio objeto de la intervención. Efectivamente, podría decirse que en realidad se trata de dos plazas: una orientada hacia el puerto y otra hacia el interior, hacia la Rue McGill. La primera habría podido articularse con un paseo urbano "tipo Barcelona" para aprovechar la existencia de un puerto, si el conjunto no terminase por romperse y diluirse en el contexto. La segunda habría podido integrarse en un sistema urbano de secuencias de avenidas y plazas, si hubiesen existido entornos viables y referencias identificables.

No obstante, y pese a no contar con los puntos de apoyo de muchas ciudades europeas, la Place D'Youville, lejos de ser un espacio neutro, constituye uno de los espacios fundadores del antiguo Montreal, un lugar histórico, por mucho que en su caso la historia sea reciente. Para no perder de vista el carácter generador, central, de la plaza, se trataba de encontrar un elemento de homogeneización que tuviese en cuenta su propia heterogeneidad.

La propuesta de intervención consistía, desde estas premisas, en extender líneas de cables de fachada a fachada, sin orden preciso y sin premeditación estética, con la única finalidad de crear una red de relaciones visuales, un contacto nuevo entre edificios de épocas diversas. Así mismo, esta "línea de flotación" entre cielo y tierra tendría su complemento en el suelo,

donde planchas de madera servirían para conectar diversos puntos del espacio. La malla elevada, cuyos cables retoman el principio de las catenarias, estaría constituida por una doble estructura: por un lado, un cable superior de 10 mm fijado a los edificios por elementos articulados vistos en acero inoxidable; por otro, un cable inferior de 40 mm sujeto al primero, mantenido a una altura constante de 10 metros. El cable inferior soportaría los elementos del alumbrado urbano, unas luminarias de concepción tubular realizadas en policarbonato y acero inoxidable, situadas en línea recta.

Con esta malla de cables se conseguía un elemento de referencia a la vez que se unía al movimiento de los hombres el juego de luz y sombras proyectado por los cables o a la propia intervención de los ciclos de la naturaleza: la nieve acumulada sobre la malla en invierno o la sombra de los toldos que podrían desplegarse sobre ella en verano.

The Place D'Youville is one of the
founding spaces of old Montreal, a
crucial site within its recent
history.

**La Place D'Youville constituye
un espacio fundador del
antiguo Montreal, un lugar
histórico de historia reciente.**

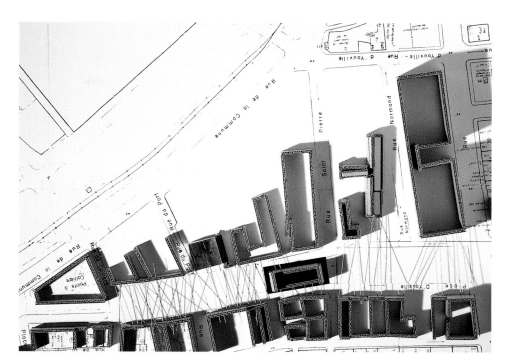

When it came to unifying this
heterogeneous space, Perrault
discovered a homogenizing
element in the lines of cables.

**Para unificar un espacio
heterogeneo, Perrult encontró
en las líneas formadas por
cables un elemento
homogeneizador.**

The cable lines, extending from
facade to facade, would create
roof-like visual relationships.
Sheets of wood, laid on the
ground, would connect up the
plaza spatially.

**Las líneas de cables, de
fachada a fachada de los
diversos edificios, crearían
relaciones visuales a modo de
cubierta. En el suelo, planchas
de madera conectarían
espacialmente la plaza.**

Typology **Tipología**
Housing
**Apartamentos residenciales**
Location **Localización**
Saint Quentin-en-Yvelines. France
Area **Superficie**
36 apartamentos
Date **Fecha**
1991

# Housing in
# Saint Quentin-en-Yvelines

Dominique Perrault planned this project for the area of the rail station, in an enclave containing offices, residential and commercial spaces. The 36 duplexes attempt to extend the concept of villa-style building, and constitute, to the eye, an amalgam of bars perched on the terrain like outcrops of rock. Furthermore, the buildings' contact with the ground is resolved through a base which defines a horizontal line independent of the visual dynamism of the territory.

The bar-like groups emerge from the parkland, while the ground is transformed into a kind of mineral plaza at the very heart of the built surface. As it happens the choice of location is based on the movement of the ground and the orientations desired for the principal views.

The importance of the park's presence and the preoccupation with orientation were brought together in the notion that every single dwelling could give onto natural space. In order to maintain the dual condition of closure and aperture, of internal protection and external relation, the traditional ideas of front and back were emphasized. Hence, the facade that looks over the park, the south one, was enclosed by a curtain wall which provides panoramic views of the landscape, while a brick wall protects the north facade of the building. In the search for naturalness and authenticity the materials remain constantly visible to the eye: the bricks are earth-red in color and the concrete is used raw, without any finish.

## Viviendas en **Saint Quentin-en-Yvelines**

Dominique Perrault planteó este proyecto para el barrio de la estación de ferrocarril, en un enclave que reúne oficinas, espacios residenciales y comerciales.

Las treinta y seis viviendas dúplex buscaban profundizar en el concepto de inmueble-villa y constituyen visualmente un grupo de bloques lineales asentados sobre el terreno a la manera de fragmentos de roca.

Además, el contacto de las construcciones con el suelo se realiza por una base que define una línea horizontal independiente del dinamismo visual propio del territorio edificado.

Los grupos en bloque lineal emergen del parque, mientras que la tierra se transforma en una especie de plaza mineral en el corazón de la superficie construida.

De hecho, la elección del espacio de asentamiento se basó en el movimiento del sol y en las orientaciones deseadas para las vistas principales.

La importancia de la presencia del parque y esa preocupación por la orientación se conjugaron en la pretensión de que absolutamente todas las viviendas pudieran abrirse al espacio natural.

Para mantener la doble condición de cierre y apertura, de protección interna y relación con el exterior, se subrayaron las nociones tradicionales de delante y detrás.

Así, la fachada que da al parque, la sur, se cerró con un muro cortina para permitir amplias vistas del paisaje, mientras que un muro de obra vista protege la fachada norte del edificio. En todos los casos, buscando la naturalidad y la autenticidad, los materiales quedan a la vista: los ladrillos son de color rojo tierra y el hormigón se emplea en bruto, sin acabados.

North elevation `1:400` **Alzado fachada norte**

In an ever-growing enclave of offices, residential and commercial spaces, the two apartment buildings seek to extend the concept of the villa-style dwelling.

**En un área de crecimiento de la ciudad, un enclave que reúne oficinas, espacios residenciales y comerciales, los dos edificios de apartamentos buscaban profundizar en el concepto de los inmuebles-villa.**

South elevation `1:400` **Alzado fachada sur**

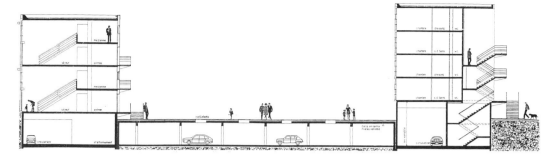

Transverse section  **1:400**  **Sección transversal**

An underground carpark serves as an invisible point of connection between the two edifices. Perrault designed a large public plaza on top of the carpark.

**Un aparcamiento subterráneo sirve de nexo de unión, invisible, entre los dos edificios. Sobre el aparcamiento Perrault diseñó una gran plaza pública.**

The north facade of the building is protected by a layer of brick, while the south facade, with views over the park, is enclosed by a curtain wall which provides an ample vista of the landscape.

**La fachada norte del edificio está protegida por una capa de obra vista, al tiempo que la fachada sur, con vistas al parque, se cerró con un muro cortina que permite amplias vistas del paisaje.**

 Lower duplex level **1:750** **Planta baja de los dúplex**

The two groups of apartments emerge from the park, while the intermediate area covering the carpark is transformed into a mineral plaza between the two edifices.

**Los dos grupos de apartamentos emergen del parque al tiempo que la zona intermedia, que cubre los aparcamientos, se convierte en una plaza mineral entre los dos edificios.**

Upper duplex level **1:750** **Planta superior de los dúplex**

Located near the railroad station, the 36 dwellings form a group of bars perched on the ground like outcrops of rock.

**En el barrio de la estación de ferrocarril, las 36 viviendas constituyen visualmente un grupo de bloques lineales asentados sobre el terreno a la manera de fragmentos de roca.**

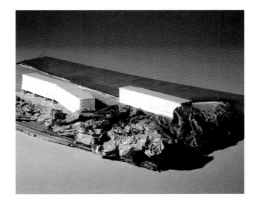

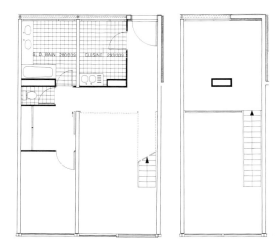

Perrault made sure that all the dwellings would give onto the natural space of the park. To do this, the curtain wall on the south side of the building extends, in the living area, over both levels, thus increasing illumination and emphasizing the views.

**Perrault cuidó que todas las viviendas se pudiesen abrir al espacio natural constituido por el parque. Para ello, el muro cortina de la parte sur del edificio recorre, en las zonas de estar, un espacio de doble altura que facilita la iluminación y acerca las vistas.**

Lower and upper level plans **1:200** **Plantas de niveles inferior y superior**

All the apartments are duplex and are entered through a door in the upper floor, next to the kitchen.

**Todos los apartamentos son dúplex y tienen acceso a través de una puerta situada en la parte superior de los mismos, junto a la cocina.**

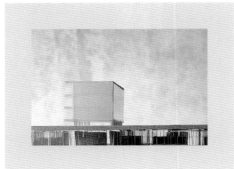

Typology **Tipología**
Mediateca competition
**Concurso Mediateca**
Location **Localización**
Vénisseux, France
Area **Superficie**
5.000 m²
Date **Fecha**
1997

# Vénissieux **Mediathèque**

The presence of vegetation and low building density were the main characteristics of the urban space in which this project was inscribed. The challenge, then, was to find responses which would combine nature and architecture and also preserve an enclave with characteristics as priceless, within a city, as these. This entailed proposing an architectural solution within the context of a comprehensive urbanist and ecological intervention. The dialog between vegetation and construction would begin with the planting of large trees, intended to form a visual nexus between the Town Hall and the Mediathèque. The trees would likewise serve to establish a cross-shaped system intended to geometrically and functionally organize the connections between the two natural areas separated by the Avenue Marcel Houel, between different neighborhoods and between the old center and the southern part of the city.

The urban development of the surroundings would be completed by a capillary network of small streets and footpaths, so as to form plots of land intended to accommodate the different-sized buildings which would be constructed. One was endeavoring to tackle a general urbanistic intervention based on approaches that were both specific and diverse: a gently-sloping square, an incline which is transformed into a stairway for reaching the green belt or the public facilities, spaces for parking...

Within this urban context the Mediathèque building would be located at garden level. Simplicity defines this project: the edifice consists of a single story for the Mediathèque and a small services building. The former would be a glass box. The functions would be grouped as a whole inside it, at the same level and surrounded by a peristyle gallery. This space envelops the different functions of the Mediathèque, facilitating circulation between them at the same time as forming a transition between interior and exterior, between environment and construction. The ease of movement, without different floors or hierarchies, favors the "rambling family house" feeling desired for the project. At the heart of the complex would be the hall, from which one can accede to the offices in a small building situated on the roof of the first. The roof would have different overhead openings for illuminating the center of the edifice. The offices form an independent whole, although connected to the activities of the Mediathèque, like a transparent device which would reveal its workings. Lastly, a system of adjustable and fixed blinds, made of different materials and in a variety of colors, contribute to creating a bright environment in which one has sought to privilege the relationship between interior and exterior.

The complex is compact and is treated with hard-wearing materials: unrendered concrete, cement floors, galvanized steel structure, translucid and clear reinforced glass. Energy-saving relies on the building's thickness, which gives it a certain inertia and permits the exchange of heat between interdependent rooms. This is also obtained thanks to the double skin produced by the gallery which, working as a thermal and acoustic barrier, insulates the functions from the outside climate.

## Mediateca de **Vénissieux**

La presencia de la vegetación y la escasa densidad de construcciones eran las características principales del espacio urbano en el que se inscribía este proyecto. El reto era, pues, encontrar respuestas que conjugaran naturaleza y arquitectura, para preservar un enclave de tales características, único en el interior de una ciudad. Se trataba de plantear una solución arquitectónica dentro de una actuación urbanística y ecológica global. El diálogo entre vegetación y construcción se iniciaría con la plantación de grandes árboles, llamados a constituir un nexo visual entre el ayuntamiento y la mediateca. Así mismo, los árboles servirían para establecer un sistema en cruz destinado a organizar geométrica y funcionalmente las conexiones entre las dos zonas naturales separadas por la avenida Marcel Houel, entre barrios distintos o entre el viejo centro y la zona sur de la ciudad.

La ordenación urbana del entorno se completaría con una red capilar de pequeñas calles y senderos para constituir parcelas destinadas a acoger los edificos de distinta envergadura que serían construidos. Se pretendía afrontar un trabajo urbanístico general a partir de aproximaciones particulares y diversas: una plaza en pendiente suave, un talud que se transforma en escalera para acceder a la zona verde o a los equipamientos públicos, espacios para aparcamiento...

En este contexto urbano, el edificio de la mediateca se situaría en el nivel del jardín. La simplicidad define este proyecto: el conjunto está compuesto de una sola planta para la mediateca y de un pequeño edificio de servicios. La primera sería una caja de vidrio. En su interior se agruparía el conjunto de funciones, al mismo nivel y rodeadas por una galería en peristilo. Este espacio envuelve los diversos usos de la Mediateca y facilita la circulación entre ellos a la vez que constituye una transición entre interior y exterior, entre medio ambiente y construcción. La naturalidad de los desplazamientos, sin pisos y sin jerarquías, favorece el carácter de "gran casa familiar" que se quiso para el proyecto. En el corazón del conjunto de situaría el hall, a partir del cual se puede acceder a las oficinas, en un pequeño edificio situado sobre el techo del primero. La cubierta tendría diferentes aberturas cenitales para iluminar el centro de la construcción. Las oficinas constituyen un conjunto independiente aunque conectado con las actividades de la mediateca, como un artefacto transparente que mostrase su mecanismo. Finalmente, un sistema de persianas regulables y fijas, realizadas con distintas materias y coloreadas, contribuye a crear un lugar vivo en el que se ha pretendido privilegiar la relación entre el interior y el exterior. El conjunto es compacto y está tratado con materiales consistentes: hormigón visto, suelo de cemento, estructura de acero galvanizado, malla de vidrio traslúcido y transparente.

El ahorro de energía se basa en el espesor del edifico, que le dota de una cierta inercia y permite los intercambios térmicos entre locales interdependientes. Se obtiene, igualmente, gracias a la doble piel producida por la galería, que aisla las funciones del ambiente exterior como una barrera térmica y acústica.

In order to form a visual nexus between the Town Hall and the Mediathèque, Perrault proposed the planting of large trees which would functionally organize the connections and itineraries between the two. In such a context the mediathèque building would form a simple volume made up of a single story and a small services annex.

**Para constituir un nexo visual entre el ayuntamiento y la mediateca, Perrault propuso la plantación de grandes árboles que organizarían funcionalmente conexiones y recorridos. En ese contexto, el edificio de la mediateca compondría un volumen sencillo formado por una planta y un pequeño anexo de servicios.**

General plan `1:1000` **Planta general**

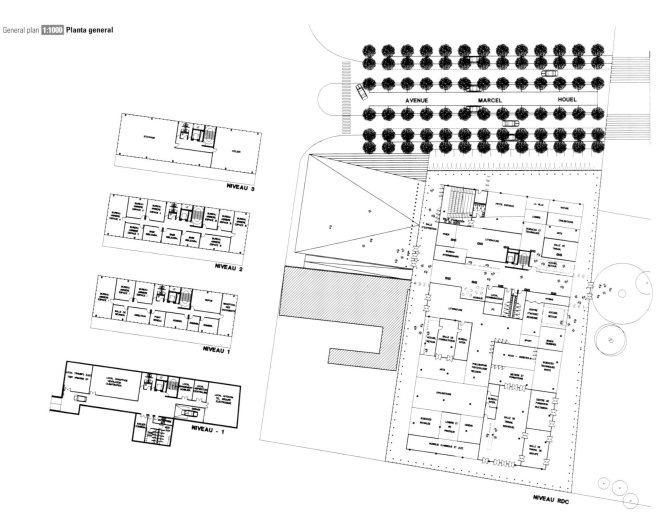

Elevations **1:1000** **Alzados**

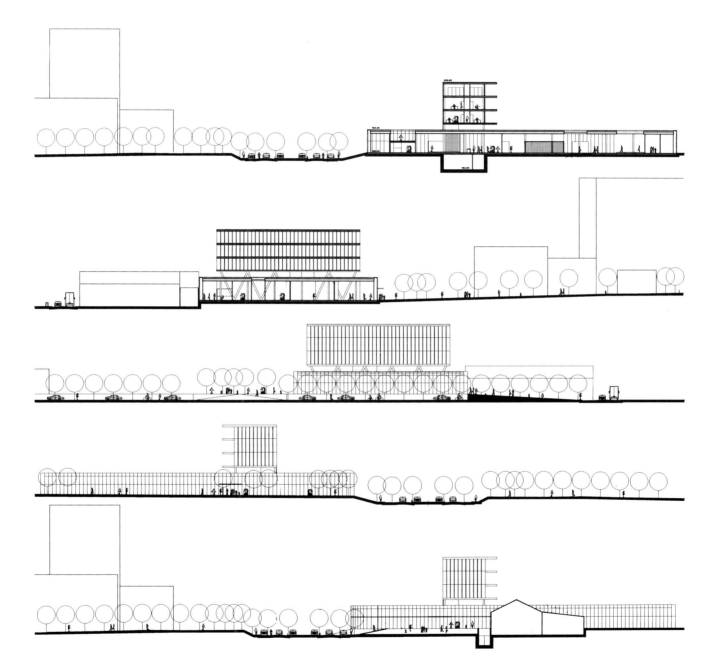

In order to illuminate the heart of the building a number of different overhead apertures were devised for the roof.

**En la cubierta se idearon diferentes aberturas cenitales para iluminar el corazón del edificio.**

The mediathèque was intended to form a large glass box - in the interior of which the various functions would be grouped - surrounded by a peristyle gallery. The latter would facilitate circulation and form a transitional space between the inside and outside of the building.

**La mediateca debía formar una gran caja de vidrio, en cuyo interior se agrupasen varias funciones, y estaría rodeada por un peristilo que facilitaría la circulación además de constituir un espacio de transición entre el interior y el exterior del edificio.**

Elevation `1:250` **Alzado**

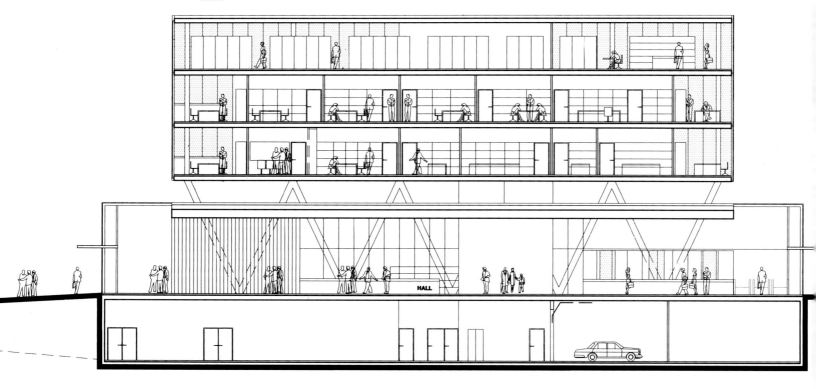

Typology **Tipología**
Land-art
**Instalación**
Location **Localización**
Copenhagen. Danmark
Area **Superficie**
4 m²
Date **Fecha**
1995

# Inclure, **Kolonihaven**

Coming somewhere between architecture, sculpture and land art, this Danish project could be summed up in the watchword "A house, a tree". Paraphrasing Virginia Woolf's title, A Room of One's Own, Perrault addresses the idea of nature itself, a square of ground and a house that expresses each inhabitant's particular sensibility.

The typology in the Kolonihaven intervention is almost that of a mental space, at once ecological, ascetic and esthetic, real and utopian; a place, presided over by a tree, which is both inside and outside the spatial surroundings.

"Nature," Dominique Perrault has written, "is not captured in a single glance, not contained in a single thought, a single emotion does not suffice. It is an ensemble of 'natures', from the most virgin to the most artificial, and far from excluding each other these 'natures' enter into friction, due to their proximity or to their combination." Given this, the question is to accept a hybrid world of unfinished landscapes and to propose an architecture which goes beyond its narrow disciplinary and academic sphere to involve mankind, as at the origins of humanity, in the search for a place of shelter for both body and spirit.

The tree surrounded by four sheets of glass presides over a piece of ground to which one accedes by a metal step-ladder. As in an architectural mise-en-abyme, the photograph of a traditional, ridge-roofed house hangs from one of the walls. In this ways the glass sheath affirms a certain tenure of the locality and also signals the nature man possesses and shares; or, put another way, the nature of his nature.

## Instalación, **Kolonihaven**

A medio camino entre la arquitectura, la escultura y el *land-art*, este proyecto danés podría resumirse en el lema "Una casa, un árbol". Dominique Perrault, parafraseando el título de la escritora británica Virginia Woolf, *Una habitación propia*, plantea la idea de una naturaleza propia, una parcela de terrreno y una casa que expresen la sensibilidad de cada habitante.

La tipología en la intervención de Kolonihaven es casi la de un espacio mental a la vez que ecológico, ascético y estético, real y utópico, un lugar presidido por un árbol que está a la vez dentro y fuera del entorno espacial.

"La Naturaleza –ha escrito Dominique Perrault– no se capta en una sola mirada, no se contiene en un solo pensamiento, no se basta con una sola emoción. Toda ella es un conjunto de "naturalezas", de la más virgen a la más artificial, y lejos de excluirse las unas a las otras, estas "naturalezas" entran en fricción, ya sea por proximidad o por mezcla".

Se trata, de este modo, de aceptar un mundo mestizo de paisajes inacabados y plantear un más allá de la arquitectura, fuera de su estricto campo disciplinar y académico, para situar al hombre, como al comienzo de la humanidad, ante la búsqueda de un lugar de abrigo para su cuerpo y su espíritu.

El árbol, rodeado por cuatro láminas de vidrio, preside un terreno al que se accede por una escalera metálica de tijera.

Como en un juego de representación de la arquitectura dentro de la arquitectura, de una de las paredes de vidrio cuelga la fotografía de una casa tradicional con cubierta a dos aguas. Así, el contenedor de vidrio afirma la posesión del lugar, al tiempo que trata de mostrar la naturaleza que el hombre posee y comparte o, si se quiere, la naturaleza de su naturaleza.

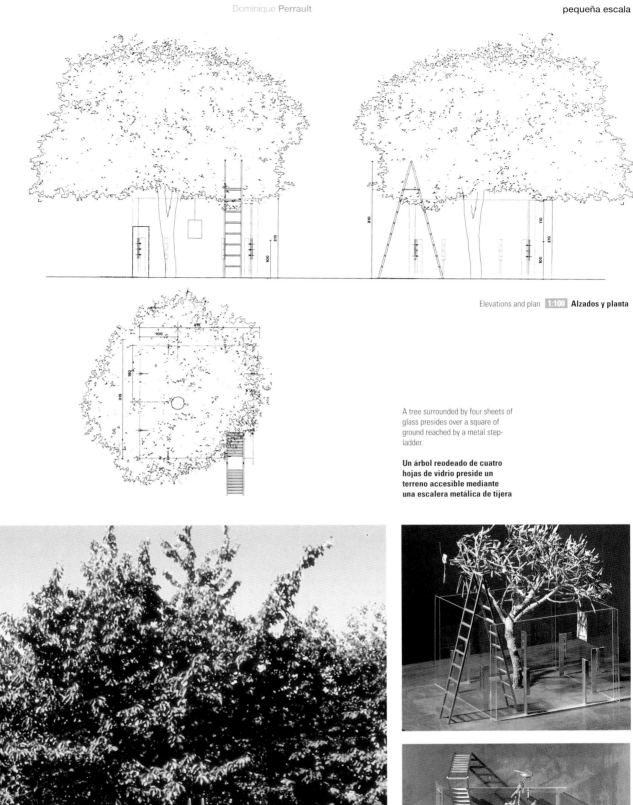

Elevations and plan  `1:100`  **Alzados y planta**

A tree surrounded by four sheets of
glass presides over a square of
ground reached by a metal step-
ladder.

**Un árbol reodeado de cuatro
hojas de vidrio preside un
terreno accesible mediante
una escalera metálica de tijera**

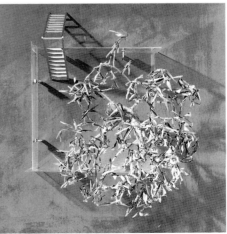

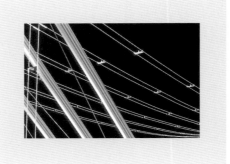

Typology **Tipología**
Metro entrance
**Boca de metro**
Location **Localización**
Torhäuser Leipziger Platz. Berlin
Area **Superficie**
600 m²
Date **Fecha**
1995

# **Metro** entrances

The two metro entrances were designed for a key Berlin location, crucial in that historically it constitutes a gateway into the city, and also because in the future it will form the point of union between two huge urban development and renovation schemes. Given this, Dominique Perrault set out to create a type of pavilion which, rather than subsuming those designed by Karl Friedrich Schinkel in the 19th century and since destroyed, would serve as a transition between the Leipziger Platz and the Potsdamer Platz; that is, between an historic and a contemporary square.

The architectural image capable of combining transition and unity was arrived at by means of a simple constructional strategy of rapid and economic application: throwing a mesh of stainless steel over the avenue, the same material as is used, given its ease of maintenance, in cables, posts and joints. In passing, the extremities, descending to the ground, would cocoon the metro entrances. The lightness of this material, extending from 30 to 100 meters in height and whose texture changes along its length, offering umbrella-like protection to the station entrances, was intended to organize the perceptions of the pedestrians who pass from one square to the other, while its sheen, both by day and night, reactivated the symbolic value of the enclave and created a sort of "gate of light".

## Boca de **metro**

Las dos bocas de metro fueron diseñadas para un lugar destacado de Berlín, tanto porque históricamente constituía una puerta de la ciudad como porque en el futuro iba a constituir el eje de unión entre dos grandes operaciones de ordenación y renovación urbanas. De este modo, Dominique Perrault trató de crear un tipo de pabellón que, más que recuperar los diseñados por Karl Friedrich Schinkel en el siglo XIX y ya destruidos, sirvieran de transición entre la Leipziger Platz y la Potsdamer Platz, es decir, entre una plaza histórica y una contemporánea.

La imagen arquitectónica capaz de aunar transición y unidad se consiguió mediante un simple principio constructivo de aplicación rápida y económica: extender sobre la avenida una malla metálica en acero inoxidable, el mismo material que se utilizó,

por la facilidad de su mantenimiento, para cables, postes y piezas de unión. De paso, los extremos, al caer hasta el suelo, abrigarían en su interior las bocas de metro. La ligereza de este elemento, de una altura que va de los 30 a los 100 metros y cuya

textura evolucionaba en toda su longitud hasta asegurar una protección adecuada en las entradas a las estaciones, quería organizar las percepciones de los transeúntes que van de una plaza a la otra, al tiempo que su brillo, tanto de noche como de día, reactivaba el valor simbólico del enclave y creaba una suerte de "puerta de luz".

Site plan  **Planta de situación**

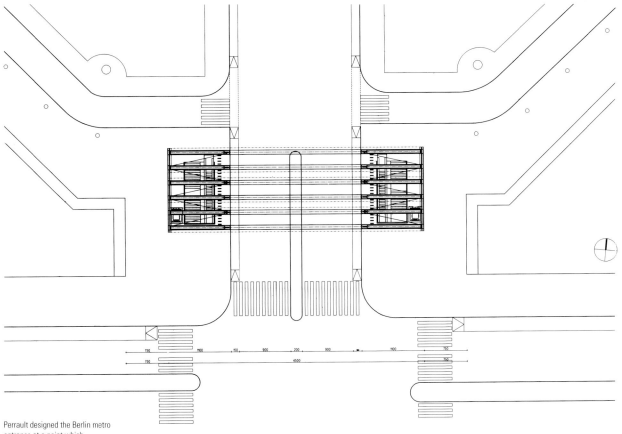

Perrault designed the Berlin metro entrance at a point which, historically, constitutes an urban gateway and which currently forms an axis linking two large urban development schemes.

**Perrault proyectó la boca del metro de Berlín en un punto que, históricamente, constituía una puerta de acceso a la ciudad y que actualmente, constituye el eje de unión entre dos grandes operaciones de ordenación urbanística.**

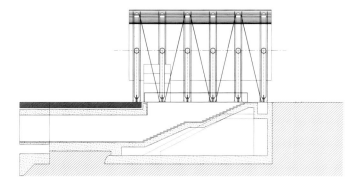

Section 1:400 **Sección**

A stainless steel fabric extends in
an enormous arc over the avenue
and, on reaching the ground, its
extremities serve to shelter the
metro entrances.

**Una malla de acero inoxidable
proyecta en la avenida un gran
arco cuyos extremos, al llegar
hasta el suelo, sirven para
abrigar las bocas de metro.**

Plan 1:400 **Planta**

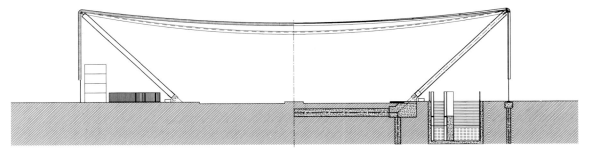

Elevation-section 1:400 **Alzado-sección**

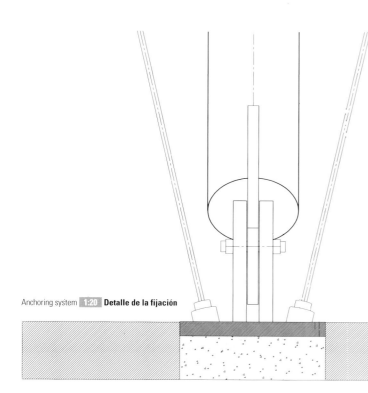

Anchoring system **1:20** **Detalle de la fijación**

Due to its ease of maintenance the
metal fabric was also chosen for
the cables, posts and joints.

**El acero inoxidable se eligió
también para los cables,
postes y piezas de unión, por
su facilidad de mantenimiento.**

# Dominique Perrault. Small scale

The young architect from whom Mitterand commissioned the last and perhaps most ambitious of his grandiose projects, the Grande Bibliothèque Nationale de France, gained an international reputation with the inauguration of a project which, as well as fulfilling a program and ringing the changes, played its part in the urban reorganization of the old Parisian periphery. His mentor absent and the architect no longer a novice, Perrault embarked on a series of large-scale projects that would take him from Berlin to Montreal, from sports installations to urban redevelopment schemes. Creator of buildings which privilege transparency as a form of flexibility and openness, a selection of his smaller-scale projects enables us to comprehend the internal coherence which underpins his seemingly disparate work. Avoiding preconceived ideas, Perrault thinks of architecture as part of the landscape to which it belongs. His spaces, the materials he uses and the resulting designs are a consequence of planning the most flexible forms possible in the fulfilling of a program.

Forty-five years old, still dressed in black, but without the sense of urgency which surrounded him when he was designing the Paris Bibliothèque, Perrault arrived in Barcelona to take charge of one more project in his European portfolio. Between culture and sport, and before the millenium ends, Badalona will witness the arrival of a new basketball court designed by the French architect.

**To what extent do different scales affect your designs?**

The size of a project shouldn't affect the reasoning which finally determines a design. Dimensions have nothing to do with one's way of thinking. You can fuss over a tiny object for ages, yet decide the form a huge project takes in no time at all.

**Doesn't the size of a project have some bearing on the use of different materials, the experimental possibilities that these offer?**

Contrary to appearances, a large project offers greater possibilities for experimentation - with forms, spaces or materials - than a small one. Largeness of scale usually goes with the kinds of budget which permit you to try new things out. On top of that, large projects are usually commissioned by companies or institutions who want their building to stand out, and are consequently ready to pay for experimentation.

**Experimenting is expensive?**

It's usually more expensive than not experimenting, although in reality the increased expense is only short-term. That's to say, largeness of scale makes the experimentation cost-effective. In order to experiment you have to research, probe, try things out, calculate the new resistances of forms and materials. Experimentation is industry's domain, while smaller-sized projects are usually undertaken with traditional materials in order to keep the costs down. Generally speaking, at the small scale the budget is usually directed towards the increased intervention of craftsmen and skilled workers and not in experimenting with ideas or forms.

**You don't appear to have more of a thing for technology than for craftsmanship. What interests you, as a planner, about the small-scale?**

The same thing I look for in the large-scale: to conceive a project in its entirety. In the La Villette greenhouse, for instance, I tried to create an up-to-date or futurist version of traditional hothouses. To do this I employed the materials -steel and glass- that are habitual in such types of construction, but I added an ultra-modern facility that would help, by simplifying it, in the maintenance of the building.

**If a person has started working on large projects, why would he go back to the small-scale?**

Dimensions aren't a problem in architecture. Architectural problems consist in designing, within limited budgets, buildings integrated within a context and suited to accommodating certain programs. When one has thought out and calculated a suitable solution, scale counts for little.

**Aren't you experimenting with the smaller -sized projects? With your own home, even? Your house appears solid, forceful, rooted in the ground. It has a very different look to most of your constructions which, despite their large size, usually have a light and transparent look to them.**

I understand and agree with what you're saying, but such a vision of solidity only obtains from outside the house because part of the latter is underground. From inside the spaces open onto the garden through the elongated glass facade. Despite the fact that the roof of the house is landscaped in grass, from the inside the relationship to the outside is extremely close.

**As close as in your large buildings, those than owe a more obvious debt to the International Style?**

Just as close, but different. It's hard to bury a large building. One way of doing it is playing with elements that enable you to decide, at any one moment, the level of contact, the degree of relationship which one may desire with the outside. Many of the ideas of the International Style and the Modern Movement interest me in general, but always nuanced and actualized within the specific context of the program I'm working with and the possibilities a new industrial reality offers.

**A significant part of your projects have a generic component which, aside from setting the building apart, have frequently served to organize the urban fabric. In your more domestic projects what role does the context the housing is built in have?**

When I'm building I depend totally on the landscape. If I'm putting up a building in a city, the urban landscape, the continuation or the implantation of volumes which the existing forms assimilate, dialog with and reinforce, helps give the project its first shape. The program ends up defining this and determining almost all the internal aspects. If I'm building in an open space the landscape goes on being fundamental and my focus remains the same. What isn't the same is the context, naturally. Instead of having buildings, the landscape has plants that grow, it has flat bits, trees and stones and, in such cases, I try and make my intervention in the landscape as discreet as possible. I work with horizontal surfaces, hide the buildings, use materials found around the place...

**Following on from that preoccupation with the surroundings and from your preference for transparent materials, how do you handle concepts like intimacy or protection when related to architecture?**

Architecture's first obligation is to offer protection against bad weather.

**The Kolonihaven project in Copenhagen doesn't have that protective idea, the opposite, more like: it encloses a space and shields it by making it difficult of access, but it doesn't protect it.**

That's something different. It was an exercise, a provocation more than a piece of architecture, but remark, such an exercise also pays attention to the surroundings. Its minimal intervention doesn't interrupt the landscape.

**Why are you so partial to working with transparent materials?**

In order, in as far as it's possible, to maintain contact between the inside and outside of the buildings. If you work with transparent surfaces you can always add some contrivance which allows you to make them opaque or to cover them when you don't want that transparency. On the other hand, to reconvert an opaque surface into a transparent skin is much harder to do and, as a result, it greatly limits the building's use. Transparency in itself doesn't interest me, it interests me as a means for broadening the range of possibilities and the contact between the inside and outside of the building that it permits. I think that staying as close to nature as possible is a very human aspiration.

**Do you use transparency in order to give material form to that wish for proximity? Aren't the repercussions of such an affirmation for the maintenance and care of the building a high price to pay?**

It costs no more to remain close to nature than to turn your back on it. Above all it's a different vital approach and next a number of distinct economic settlements. Distinct, but not more expensive. A small window is something static which provides a certain illumination and certain views into and out from a building. If the wall or the whole facade is converted into a huge picture window you are, in reality, giving the design a twist through 90 degrees, because from the limited options of a static situation you pass to a mobile and variable dynamic situation in which many combinations of views and illumination are possible. The economic cost-effectiveness of this type of construction takes into account many other factors because with the winter sun one can save heat and with the summer sun electricity. Transparent surfaces may, in the short term, appear more expensive but, well thought out, in the long run they can bring the costs of maintenance and use of a building down.

**You certainly practise what you preach. The facades of the building your studio is in are transparent.**

That's why I can say what I say. Transparent facades are cost-effective in a city like Paris, for example. Maybe they wouldn't be for Stockholm or Havana, but in France, where I've used them, they've always given good results.

**In working on smaller-scale projects you've dealt with the question of rehabilitation which, of necessity, has obliged you relate to the context from the historical angle. In the Usinor Cultural Center you decided not to interfere with the building's history and to have it extend downwards.**

I've already remarked on the advantages of extending downwards when one doesn't want to intervene in a landscape, and in this instance the ancient building which needed to be enlarged possessed a strength similar to that of a landscape. I thought the best thing would be to respect it in silence, with an invisible, barely-perceptible intervention.

**As an urbanist you've always defended the construction of a new city as the response to a new era, and yet as a restorer you defend the form of the existing building. To what extent does the fact that you are an historian as well as being an architect and urbanist influence your decisions?**

I studied history after I'd graduated as an architect. I went through that process because when I started designing I was mainly interested in classical architecture and as the moment to graduate

*One can only discard history when one knows it, and so I turned to studying it.*

got nearer I realized my attitude towards the past was changing. In observing that change in my projects I decided that one can only discard history when one knows it, and so I turned to studying it.

**And after knowing it you decided to discard it?**

I decided to carry on paying attention to it in order to learn from it. In the history of architecture all kinds of spaces and designs have been experimented with. Many older solutions turn out to be more valid that contemporary designs. When that happens, I'm very partial to implementing the old solutions. It's absurd not to use the most adequate

solutions simply because they've been used for years. Knowledge of the past is essential in order to develop one's own vision. To slavishly copy the past, to not interpret but imitate it, implies not having understood, having learned nothing from that past.

**Yet nevertheless, and paradoxically so, one is copying.**

Exactly. The past is copied when it proves attractive and one doesn't know of another way of appropriating it other than through the copy. The paradox thing is something else. As an architect paradoxes interest me a lot because, due to their ambiguity, they imply dynamic ways of looking, open to new interpretation.

**Starting from a discipline as apparently stable as architecture, it seems odd that you give so much attention to everything implying flexibility, openness and free interpretation.**

Maybe that means that I don't much like architecture.

**Why?**

Architecture is a very tedious, traditional and conservative art form. The perspective of the world and of society you can have when you're working as an architect implies a generally immobile, absolute, rigid and ingrained point of view, and I don't think that way.

**And what do you do about it?**

My projects attempt to change the inflexible and rigid approach one mostly has to building. The idea of an immobile or heavyweight architecture doesn't interest me, so for that reason I value the factors that make it lighter and more dynamic. After

many years dedicated to this profession, I still don't understand why architecture can't have the flexibility and openness that other disciplines like science, and other artistic expressions like literature, have.

**How would you attempt to lighten such a load, the one that burdens architecture?**

On the one hand by making my buildings more flexible and lighter, although just as permanent and monumental. On the other, when I get the chance I try and create little manifestoes, as in the case of the pavilion constructed in Copenhagen.

That installation tries to make one reflect on the idea of the wall. When you put up a wall you create a separation. That much is obvious, but what doesn't seem so clear to everyone is that various types of separation exist. Two things can be separated physically but not visually, or the opposite. I'm interested in addressing the elements that constitute a building, not in order to question them in themselves but in order to try and extend the uses to which they're put. I think that in varying and amplifying these uses one can arrive at a more flexible architecture capable of serving and adapting better to the differing needs of the individual.

**Don't you think that the concept of protection ought to have built into it a certain idea of isolation in architecture?**

I think that there are different ways of marking limits, and mobile limits, flexible barriers, dynamic constructions are what interest me most. I don't understand why a facade has to keep the entire life of the building locked out of sight, nor why an apartment can only be lit from one angle. I'd like to invent more flexible architectures which would vary, just as a person may change his tastes and opinions. In the same way that a person may alter the furniture in his house, and modern architects were preoccupied with varying the partitions of the latter, I'd like to extend such mobility towards the shell, towards the outside of the building, in order to make it more flexible.

**Is that the message of your Kolonihaven installation?**

At the time Copenhagen was European capital of culture, a number of architects - Alvaro Siza, Mario Botta, Enric Miralles and myself, among others - were asked to construct a pavilion in the middle of a park. We had to produce a model and show it in an exhibition and then build it, full-scale, in the park. It wasn't so much a question of putting up a pavilion as of evolving the model of an idea at full scale. In Copenhagen many communities live surrounded by vegetation. Our proposal was for a small dwelling, with a garden and an orchard protected by railings. In reality we made a 3 x 3 meter private garden. It was like cutting out a piece of grass with a boundary visible only from a distance, thanks to the access stairs.

**You speak of eliminating the frontiers between context and building, and yet, even when you work at a small scale, you don't renounce**

monumentality. The metro entrance you designed for Berlin marks, like some ancient triumphal arch, the access to the underground railway.

As an architect I'm basically interested in flexibility. I was remarking earlier on the rigidity of the discipline and that, in grand part, is what I try to avoid. While I give importance to the relationship between the inside and outside of a building, it's also important to me that the limits are flexible, and at times it seems essential for an architectural element to have a sculptural look or a monumental size. This can be for indicating the presence of an amenity, access to the metro in this instance, for organizing the urban fabric, or for reasons of composition and concern for the context.

**Your idea of a flexible architecture could collapse into an eclectic mishmash in which everything would be valid.**

Everything indeed can be valid, but not everything on every occasion. The generation of architects previous to mine, that of Rem Koolhaas for example, has mentally blinkered itself in order to construct a number of fixed ideas which broke with current architectural criteria. In many cases that avant-garde impulse has ended up becoming a double-edged sword. When they've finally managed to build the architecture they were defending, they've had to confront constructional problems from a purely theoretical perspective and, for that reason, have had little margin for creating spaces and forms, or for using materials.

**Do you think that the flexibility of architecture is a generational question?**

No, absolutely not. The works of Renzo Piano have, throughout his whole professional trajectory, been quite flexible, just like those of Toyo Ito or even Frank Gehry.

**Don't you think that Frank Gehry could suffer from the same limitations, the obligation to make an impact, that blinkered Koolhaas before?**

Possibly. Real flexibility may be a question of balance. Again, everything is possible, but not everywhere. For me the fundamental thing in architecture is to not stop thinking. One can't expect to live one's whole life from having had a single idea. Each project is different and thus calls for a different solution. We, the architects, have to produce much of the flexibility architecture calls for ourselves. It's not just a question of people accepting our

schemes, it also means that we must put forward schemes that are enriching.

**With an approach as flexible as the one you propose, what are the criteria for setting the standards of design? The absence of norms?**

I see no contradiction between flexibility and rigor. My way of designing is very geometrical and yet I try and make it flexible. You don't have to create amorphous forms to demonstrate your mental openness, although neither is it necessary to reject these out of hand. Although it may seem a truism, in order to make flexible, open architecture the only thing one cannot be is inflexible.

It costs no more to remain close to nature than to turn your back to it.

**You rose to fame as the last architect of the Mitterand era. You were the President of the Republic's golden boy. Your design for the Grande Bibliothèque in Paris marked the end of a period of public works. How have you and the architectural profession in general lived the end of that era?**

The French political structure is pyramidal and the upper echelons of that pyramid are what decides the overall vision, the objectives which end up determining the country's future. The mayors of the different cities reiterate, at a smaller scale, the priorities of the president. Right now we don't have a leader who considers architecture a priority, and so hardly any infrastructures for public use are being constructed. Architecturally in France one is still living off the recent past. We'll see for just how long.

**Do you believe that public architecture of a certain quality has a relationship with a concrete political option or with a type of leader, apart from his ideology?**

The ideas, like the ideology, are fundamental. Without an idea of progress cities wouldn't be provided with services and infrastructures; nevertheless, to have ideas or to be progressive isn't enough. Implementing public projects depends on a person, on the priorities of the leader and on his vision of society.

**The growth that was centered on Paris during the 80s is today being experienced by other European cities like Berlin. As chance would have it, you are building a gymnasium and ve-**

lodrome there and, unlike your intervention in Paris, which helped define a new neighborhood, the German project has extended downwards, as if swallowed up by the ground.

The Berlin project isn't a building, it's a landscape. I decided that that was the best way of responding to the assignment, which has been erected on the exact same ground as the old stadium built for the 1936 Olympics. On the other hand, I don't much sympathize with the visually ponderous way in which the ancient capital is being reconstructed. It seems to me that the past can't be wiped out on the basis of trapping it in stone, and that today, furthermore, stone has ceased being a guarantee of solidity. In Europe, precisely, we should have learnt that lesson.

**What is it that decides if, in an urban space, your buildings bore into the ground or tower up into the air?**

The form in which my buildings are installed on the particular site is not governed by a single factor, but by the sum of various factors: the site's past, its history, its current state prior to construction, the characteristics of the program. I take the landscape to be more important than the architecture, simply because it is larger and, in reality, encompasses the the architecture. Merely taking such a wide point of view into account, one which privileges the landscape, you can work with a broader range of outlooks. For example, it is very important that the architect accepts the existence of mediocre and frankly bad works of architecture, because all those buildings form a part of the landscape and cannot be obliterated in a matter of months. When planning, one must cope with that unwelcome presence, in the same way that nobody underrates the presence of a road or a lake. All are factors defining the landscape, and the best architecture is that which most fully and closely studies its context. To do otherwise is to give more priority to architecture than to life, and that not only shows a lack of tolerance, it's a weakness, it demonstrates immaturity, it's beggarly and, furthermore, completely absurd.

**Anatxu Zabalbeascoa**

# Dominique Perrault. Pequeña escala

El joven arquitecto al que Mitterrand encargó el último y tal vez el más ambicioso de sus grandes proyectos, La Gran Biblioteca Nacional de Francia, ganó reputación internacional con la inauguración de un proyecto que, además de cumplir un programa y adelantar futuras necesidades, contribuía a la reorganización urbana de la antigua periferia parisina. Desaparecido su mentor y habiendo madurado a pie de obra, Perrault se embarcó en nuevos grandes proyectos que lo llevarían de Berlín a Montreal, desde las instalaciones deportivas hasta las reordenaciones urbanas. Autor de edificios que potencian la transparencia como forma de flexibilidad y apertura, una selección de sus proyectos de menor tamaño permite comprender la coherencia interna que sostiene sus dispares planteamientos. Evitando ideas apriorísticas, Perrault concibe la arquitectura como parte de un paisaje al que ésta se debe. Sus espacios, los materiales que emplea y los diseños que resultan son la consecuencia de proyectar las formas más flexibles posibles para el cumplimiento de un programa.

Con cuarenta y cinco años, todavía de riguroso negro, pero sin las prisas que lo rodeaban cuando diseñaba la Biblioteca en París, Perrault llegó a Barcelona para hacerse cargo de un proyecto más en su expansión europea. Entre la cultura y el deporte, antes de que finalice el milenio, Badalona verá levantada una nueva cancha de baloncesto proyectada por el arquitecto francés.

¿En qué medida afectan a sus diseños las diversas escalas?

**El tamaño de un proyecto no debería afectar al razonamiento que, finalmente, decide un diseño. Las dimensiones no tienen nada que ver con el pensamiento. Se puede cavilar mucho sobre un objeto minúsculo y decidir en poco tiempo la forma de un gran proyecto.**

¿El tamaño de los proyectos no influye para nada en el uso de materiales diversos, en las posibilidades experimentales que éstos ofrecen?

**Al contrario de lo que podría parecer, un gran proyecto ofrece mayores posibilidades de experimentación -con formas, espacios o materiales- que uno pequeño. La gran escala suele tener presupuestos importantes que permiten intentar nuevos y variados usos. Además, los grandes proyectos suelen ser encargados por compañías o instituciones que desean singularizar su edificio y que, por lo tanto, están dispuestas a pagar por la experimentación.**

¿Experimentar resulta caro?

**Generalmente resulta más caro que no hacerlo, aunque en realidad ese encarecimiento es sólo a corto plazo. Es decir, la gran escala hace rentable la experimentación. Para experimentar hay que investigar, probar, ensayar, calcular nuevas resistencias de formas y materiales. El campo de la experimentación es terreno de la industria y los proyectos de menor tamaño se suelen realizar con materiales tradicionales para mantener un coste bajo. En general, en la escala pequeña el presupuesto suele dirigirse hacia una mayor intervención de artesanos y mano de obra cualificada, y no a experimentar ideas o formas.**

Usted no parece relacionarse mejor con la tecnología que con la artesanía. ¿Como proyectista qué le interesa de la pequeña escala?

**Lo mismo que lo que busco en la grande: concebir enteramente un proyecto. En el inverna-**

dero de La Villete, por ejemplo, traté de elaborar una versión actualizada o futurista de los invernáculos tradicionales. Para hacerlo, empleé los materiales -aceros, vidrios- habituales en ese tipo de construcción, pero añadí un funcionamiento vanguardista que facilitase, simplificándolo, el mantenimiento del edificio.

Cuando alguien ha comenzado a trabajar en grandes proyectos ¿Para qué regresa a la pequeña escala?

Las dimensiones no son un problema en arquitectura, los problemas arquitectónicos consisten en diseñar, con presupuestos limitados, edificios integrados en un contexto capaces de acoger programas determinados. Cuando se ha pensado y calculado una solución oportuna, la escala es lo que menos importa.

¿No experimenta con los proyectos de menor tamaño? ¿Ni siquiera con su propia vivienda? Su casa parece sólida, contundente, enraizada en el terreno. Tiene un aspecto muy diverso a la mayoría de sus construcciones que, a pesar de su gran tamaño, suelen tener apariencias ligeras, transparentes.

Comprendo y comparto lo que dice, pero esa visión de solidez sólo se tiene desde el exterior de la vivienda porque parte de ésta es subterránea. Desde el interior de la casa, los espacios se abren al jardín a través de la fachada alargada de cristal. A pesar de que el techo de la vivienda está cubierto por un jardín de hierba, desde el interior la relación con el exterior es muy estrecha.

¿Tan estrecha como en sus grandes edificios, los que están más claramente en deuda con el estilo internacional?

Igualmente estrecha, pero distinta. Es difícil enterrar un gran edificio, una manera de hacerlo es jugando con elementos que te permitan decidir en cada momento el nivel de contacto, el grado de relación que se desea con el exterior. Del es-

tilo internacional y del movimiento moderno en general me interesan muchas ideas, pero siempre matizadas y actualizadas con el contexto específico del programa según el que trabajo y de las posibilidades que ofrece una nueva realidad industrial.

Gran parte de sus proyectos tiene un componente representativo que, además de distinguir al edificio, con frecuencia ha servido para organizar el tejido urbano. En los proyectos domésticos ¿Qué papel tiene el contexto donde se levantan las viviendas?

Cuando construyo dependo plenamente del paisaje. Si levanto un edificio en una ciudad, el paisaje urbano, la continuación o la implantación de volúmenes que asimilen, dialoguen o refuercen las formas existentes, construye la primera imagen que cobra el proyecto. El programa acaba de definirla y decide casi todos los aspectos internos. Si construyo en un espacio abierto el paisaje sigue siendo fundamental y mi enfoque se mantiene igual, lo que no es igual es el contexto, naturalmente. En lugar de tener edificios, el campo hace crecer plantas, tiene llanos, árboles o piedras y, en esos casos, trato de que mi intervención en el paisaje sea lo más discreta posible. Trabajo las superficies horizontales, escondo los edificios, utilizo materiales del lugar...

Desde esa preocupación por el entorno y su preferencia por los materiales transparentes ¿Cómo trata conceptos como la intimidad o la protección asociables a la arquitectura?

La primera obligación de la arquitectura es ofrecer protección frente a la intemperie.

El proyecto Kolonihaven de Copenhague no participa de esa idea protectora, sino más bien al contrario: encierra un espacio y lo resguarda haciéndolo difícilmente accesible, pero no lo protege.

Eso es algo distinto. Fue un ejercicio, una provocación más que una pieza de arquitectura, pero fíjese, incluso ese ejercicio presta atención

al entorno. Su levísima intervención no interrumpe el paisaje.

¿Por qué es tan partidario de trabajar con materiales transparentes?

Para, en la manera de lo posible, mantener el contacto entre el interior y el exterior de los edificios. Si trabajas con superficies transparentes, siempre puedes añadir algún mecanismo que te permita hacerlas opacas o cubrirlas cuando no desees esa transparencia. Lo contrario, reconvertir una superficie opaca en una piel transparente, es mucho más difícil de lograr y, por lo tanto, limita mucho el uso del edificio. La transparencia en sí no me interesa, me interesa como medio, por la amplitud de posibilidades y el contacto entre interior y exterior del edificio que propicia. Creo que es una aspiración muy humana la de permanecer tan cerca de la naturaleza como sea posible.

¿Utiliza la transparencia para materializar esa aspiración de cercanía? ¿No resulta excesiva la repercusión económica de esa pretensión en el mantenimiento y cuidado del edificio?

No es más caro permanecer cerca de la naturaleza que volverle la espalda. Ante todo es un enfoque vital diverso y luego unos plazos económicos distintos. Distintos, pero no más caros. Una ventana pequeña es algo estático que permite cierta iluminación y ciertas vistas en y desde el interior de un edificio. Si la pared o la fachada entera se convierte en un gran ventanal estás, en realidad, dándole al diseño un giro de 90 grados porque de las opciones limitadas de una situación estática, pasas a una situación dinámica, móvil y variable en la que muchas combinaciones de vistas e iluminación son posibles. La rentabilidad económica de ese tipo de construcción tiene en cuenta muchos otros factores porque con el sol de invierno se puede ahorrar calefacción y con la luz estival electricidad. Las superficies transparentes pueden, de entrada, parecer más caras pero, bien estudiadas, a la larga pueden abaratar los costes de mantenimiento y uso de un edificio.

Usted predica con el ejemplo. Las fachadas del edificio donde se encuentra su estudio son transparentes.

Por eso puedo afirmar lo que he dicho. Las fachadas transparentes resultan rentables en una ciudad como París, por ejemplo. Tal vez no lo sean para Estocolmo o La Habana, pero en Francia, donde las he aplicado, siempre han dado buenos resultados.

Al trabajar en proyectos de menor escala, usted ha tratado el tema de la rehabilitación que, forzosamente, le ha llevado a relacionarse con el contexto desde el punto de vista histórico. En el centro cultural de Uscinor, usted decidió no interferir con la historia del edificio y hacerlo crecer hacia abajo.

Ya comenté las ventajas de crecer hacia abajo cuando no se quiere intervenir en un paisaje y en este caso, el antiguo edificio que se debía ampliar tenía una fuerza similar a la de un paisaje. Creí que lo mejor sería respetarlo en silencio, con una intervención invisible, poco perceptible.

Como urbanista usted ha defendido siempre la construcción de una ciudad nueva como respuesta a una nueva época y, sin embargo, como restaurador defiende la línea del edificio existente. ¿Hasta qué punto influye en sus decisiones el hecho de que usted, además de arquitecto y urbanista, sea historiador?

Estudié historia cuando me había graduado como arquitecto. Seguí ese proceso porque al empezar a proyectar me interesé sobre todo por la arquitectura clásica y a medida me acercaba al momento de graduarme me daba cuenta de

nes antiguas. Es absurdo no emplear las mejores soluciones sólo porque éstas vienen empleándose desde hace años. El conocimiento del pasado es fundamental para poder desarrollar una visión propia. Copiar directamente del pasado, no interpretar sino imitar, implica no haber entendido, no haber aprendido nada de ese pasado.

Sin embargo, y paradójicamente, se está copiando.

Exactamente. El pasado se copia cuando resulta atractivo y no se conoce otra manera de aprehenderlo que la copia. Lo de la paradoja es otra cosa. Como arquitecto me interesan mucho las paradojas porque, desde su ambigüedad, implican visiones dinámicas, abiertas a nuevas interpretaciones.

Desde una disciplina tan aparentemente estable como es la arquitectura resulta curioso que usted preste tanta atención a todo lo que implique flexibilidad, apertura y libre interpretación.

Tal vez eso significa que no me gusta mucho la arquitectura.

¿Por qué?

La arquitectura es un arte muy pesado, tradicional y conservador. La perspectiva del mundo y de la sociedad que se puede tener cuando trabajas como arquitecto ofrece un punto de vista generalmente inmóvil, absoluto, rígido y arraigado, y yo no pienso así.

¿Y qué hace al respecto?

Mis proyectos tratan de cambiar el enfoque inflexible y rígido con que se construye mayoritariamente. No me interesa la idea de una arquitectura inmóvil ni pesada, por eso valoro los factores que la aligeran y la dinamizan. Des-

fiestos, como en el caso del pabellón construido en Copenhague. Esa instalación, trata de hacer reflexionar sobre la idea del muro. Cuando levantas una pared creas una separación. Eso es evidente, pero lo que no parece tan claro a todo el mundo es que existen varios tipos de separación. Dos cosas se pueden separar física pero no visualmente, o al contrario. A mi me interesa objetar los elementos que componen los edificios no para cuestionarlos en sí, sino para tratar de ampliar los usos que se les da. Creo que variando y ampliando los usos se puede conseguir una arquitectura más flexible, capaz de servir y adaptarse mejor a las diversas necesidades de los individuos.

¿No cree que el concepto de protección deba llevar implícita cierta idea de aislamiento en arquitectura?

Creo que hay diversas maneras de marcar los límites y me interesan sobre todo los límites móviles, las barreras flexibles, las construcciones dinámicas. No entiendo que una fachada deba permanecer cerrada toda la vida del edificio ni que una vivienda se pueda iluminar sólo desde una orientación. Quisiera conseguir arquitecturas más flexibles que pudiesen variar, del mismo modo que una persona puede cambiar de gustos y o opiniones. De la misma manera que una persona puede alterar los muebles de su vivienda y que los arquitectos modernos se preocuparon de la posibilidad de variar las particiones de la misma, yo quisiera llevar esa movilidad hasta la carcasa, hasta el exterior del edificio, para hacerlo más flexible.

¿Es ese el mensaje de su instalación Kolonihaven?

Cuando Copenhague fue capital europea de la cultura a unos cuantos arquitectos: Alvaro Siza, Mario Botta y Enric Miralles entre otros, se nos pidió que construyéramos un pabellón en medio del parque. Debíamos producir una maqueta para mostrarla en una exposición y luego construirla, a escala real, en un parque. No se trató tanto de levantar un pabellón como de desarrollar la maqueta de una idea a escala real. En Copenhague, muchas comunidades viven rodeadas de vegetación. Nuestra idea proponía una vivienda pequeña, con un jardín y un huerto protegidos por una verja. En realidad levantamos un jardín privado de 3x3 m. Era como recortar un pedazo de hierba con una frontera sólo visible a lo lejos, gracias a la escalera de acceso.

> Sólo se puede descartar la **historia** cuando se conoce, de modo que me puse a **estudiar**.

que cambiaba mi actitud hacia el pasado. Al observar ese cambio, en mis proyectos decidí que sólo se podía descartar la historia cuando se conocía, de modo que me puse a estudiar.

¿Y tras conocerla decidió descartarla?

Decidí continuar observándola para aprender de ella. En la historia de la arquitectura se ha experimentado con todo tipo de espacios y diseños. Muchas soluciones antiguas resultan más válidas que diseños actuales. Cuando eso ocurre, yo soy muy partidario de actualizar las solucio-

pués de muchos años dedicados a este oficio, todavía no entiendo por qué la arquitectura no puede tener la flexibilidad y apertura que tienen otras disciplinas, como la ciencia, y otras expresiones artísticas, como la literatura.

¿Cómo trata de aligerar esa carga que pesa sobre la arquitectura?

Por una parte haciendo mis edificios más flexibles y más ligeros aunque igualmente duraderos y monumentales. Por otra, cuando tengo oportunidad, trato de realizar pequeños mani-

Habla de eliminar las fronteras entre contexto y edificio, sin embargo, incluso cuando trabaja la pequeña escala, usted no renuncia a la monumentalidad. La entrada de metro que diseñó para Berlín marca, a la manera de los antiguos arcos de triunfo, el acceso al ferrocarril.

Como arquitecto, me interesa fundamentalmente la flexibilidad. Comentaba antes la rigidez de la disciplina y eso es, en parte, lo que trato de evitar. De la misma manera que doy importancia a la relación entre el interior y el exterior de un edificio, al igual que me importa que los límites sean flexibles, me parece a veces primordial que un elemento arquitectónico adquiera un aspecto escultórico o un tamaño monumental. Esto puede ocurrir para indicar la presencia de un servicio, el acceso al metro en este caso, para organizar el tejido urbano, o por otro motivo de composición y cuidado con el contexto.

Su idea de una arquitectura flexible podría caer en un cajón de sastre ecléctico en el que todo valdría.

Efectivamente todo puede valer, pero no todo en toda ocasión. La generación de arquitectos anterior a la mía, la de Rem Koolhaas por ejemplo, ha vivido obcecada por construir determinadas ideas que rompían con criterios arquitectónicos actuales. Ese esfuerzo vanguardista ha terminado, en muchos casos, por convertirse en un arma de doble filo. Cuando finalmente han conseguido construir la arquitectura que defendían, han tenido que enfrentarse a los problemas constructivos desde perspectivas teóricas y, por eso, han tenido poco margen para crear espacios y formas, o para utilizar materiales.

¿Cree que la flexibilidad de la arquitectura es una cuestión generacional?

No, en absoluto. Los trabajos de Renzo Piano a lo largo de toda su trayectoria profesional han sido bastante flexibles al igual que los de Toyo Ito o incluso los de Frank Gehry.

¿No cree que Frank Gehry podría sufrir las mismas limitaciones, las de la obligación de impactar, que antes achacaba a Koolhaas?

Posiblemente. La verdadera flexibilidad puede ser una cuestión de equilibrio. De nuevo, todo es posible, pero no en todas partes. Para mí lo fundamental en arquitectura es no dejar de pensar. No se puede pretender vivir toda la vida de haber tenido una sola idea. Cada proyectos es distinto y, por lo tanto, necesita un resultado dis-

tinto. Gran parte de la flexibilidad que precisa la arquitectura la debemos producir nosotros, los arquitectos. No es sólo cuestión de que los ciudadanos acepten nuestras propuestas, se trata también de que nosotros presentemos propuestas enriquecedoras.

Con un enfoque tan flexible como el que propone, ¿qué criterios marcarían las pautas del diseño? ¿La ausencia de normas?

Yo no veo una contradicción entre la flexibilidad y el rigor. Mi diseño es muy geométrico y, sin embargo, trato de que sea flexible. No hace falta realizar formas amorfas para demostrar apertura mental, aunque tampoco es preciso descartarlas taxativamente. Aunque parezca una perogrullada, para hacer arquitectura flexible, abierta, lo único que no se puede ser es inflexible.

Usted saltó a la fama como el último arquitecto de la era Mitterrand. Fue el niño bonito del presidente de la República. Su proyecto para la Gran Biblioteca de París concluyó un período de trabajos públicos. ¿Cómo han vivido usted y la profesión arquitectónica en general el final de esa época?

La estructura política francesa es piramidal y la cúpula de esa pirámide es la que decide la visión, los objetivos que acaban por determinar el futuro del país. Los alcaldes de las distintas ciudades repiten, a menor escala, las prioridades del presidente. Hoy en día no tenemos un líder que considere la arquitectura como una prioridad y, por lo tanto, no se están construyendo apenas infraestructuras de uso público. En Francia, arquitectónicamente, todavía se vive del pasado reciente. Veremos hasta cuándo.

No es más **caro** permanecer cerca de la **naturaleza** que volverle la espalda.

¿Cree que la arquitectura pública de cierta calidad guarda relación con una opción política concreta o con un tipo de líder, al margen de su ideología?

Las ideas, como la ideología, son fundamentales. Sin una idea de progreso no se dotarían las ciudades de servicios e infraestructuras, sin embargo, tener ideas o ser progresista no es suficiente. La puesta en marcha de los proyectos públicos depende de una persona, de las prioridades del líder y de su visión de la sociedad. Hoy en día el crecimiento que se concentró en París durante os años ochenta, se está dando en otras

ciudades europeas como Berlín. Curiosamente, usted está construyendo allí un gimnasio y un velódromo y, al contrario de su intervención en París, que ayudó a definir un nuevo barrio, el proyecto alemán ha crecido hacia abajo, como engullido por el terreno. El proyecto de Berlín no es un edificio, es un paisaje. Decidí que esa era la mejor manera de responder al encargo, que se ha levantado, precisamente, sobre el terreno que ocupaba el antiguo estadio construido para las Olimpiadas de 1936. Por otra parte, no simpatizo demasiado con la manera, visualmente pesada, en que se está reconstruyendo la antigua capital. Me parece que no se puede borrar el pasado a base de cubrirlo con piedras y que además, hoy en día, las piedras han dejado de ser garantía de solidez. Precisamente en Europa, deberíamos haber aprendido esa lección.

¿Qué es lo decisivo para que, en una ciudad, sus edificios perforen el terreno o se alcen imponentes?

La forma en que mis edificios se instalan en el terreno no la decide un único factor sino la suma de varios: el pasado del terreno, su historia, el estado actual previo a la construcción, las características del programa. Yo entiendo que el paisaje es más importante que la arquitectura simplemente porque es mayor y, en realidad, engloba la arquitectura. Sólo teniendo en cuenta ese punto de vista amplio, el que favorece al paisaje, se puede trabajar con amplitud de miras. Por ejemplo, es muy importante que el arquitecto acepte la existencia de arquitecturas mediocres y malas, porque todos esos edificios forman parte del paisaje y no se pueden borrar en unos me-

ses. Al proyectar, debe jugarse con esa presencia incómoda de la misma manera que nadie menosprecia la presencia de una carretera o un lago. Todos los factores definen el paisaje y la mejor arquitectura es la que más amplia y detalladamente estudia ese contexto. Hacer otra cosa es dar más prioridad a la arquitectura que a la vida y eso no sólo indica falta de tolerancia, es una debilidad, demuestra inmadurez, resulta pobre y además es completamente absurdo.

Anatxu Zabalbeascoa.

**Dominique PERRAULT, architecte**
**Perrault Projects S.A.**

Dominique PERRAULT
Architecte-urbaniste

Aude PERRAULT
Direction administrative et financière

Gaëlle LAURIOT-PRÉVOST
Direction artistique et design

### Metro entrances, Berlin, 1995

Dominique PERRAULT, architecte

Gaëlle LAURIOT-PRÉVOST, architecte-designer
Guy MORISSEAU, ingénieur
Suzanne STACHER, architecte
Lin ZIN JIAN, infographie

### Stand Technal, 1993

Dominique PERRAULT, architecte

Gaëlle LAURIOT-PRÉVOST, architecte-designer
Thierry MEUNIER, architecte
TECHNAL, bureau d'études

### Inclure, Kolonihaven, 1996

Dominique PERRAULT, architecte

Gaëlle LAURIOT-PRÉVOST, architecte-designer
Michel GOUDIN, maquettes
Pablo GIL, infographie

### Perrault house, Normandy, 1994

Dominique PERRAULT, architecte

Aude PERRAULT, architecte
Jérome THIBAULT, collaborateur
Guy MORISSEAU, ingénieur
Gilbert CORBIN, prescripteur

### Usinor-Sacilor Conference Center, 1989-1991

Dominique PERRAULT, architecte

Aude PERRAULT, architecte
Yves CONAN, architecte
Arnaud de BUSSIERE, ingénieur
Hervé CIVIDINO, architecte

### Vénissieux Mediathèque, 1997

Dominique PERRAULT, architecte

Gaëlle LAURIOT-PRÉVOST, architecte-designer
Anne-Mie DEPUYT, architecte
Nora VORDERWINKLER, architecte stagiaire
Claire SION, architecte stagiaire
Guy MORISSEAU, ingénieur
Antoine WEYGAND, architecte

### Place D'Youville, Montreal, 1992

Dominique PERRAULT, architecte

Gaëlle LAURIOT-PRÉVOST, architecte-designer
Pascale BERLIN, architecte d'intérieur
Pierre GRESSIN, Sammode conseil en éclairage

### Greenhouse-Museum, Paris, 1995-1997

Dominique PERRAULT, architecte

Emmanuelle ANDREANI, architecte
Jean-Luc BICHET, architecte
Jérome THIBAULT, collaborateur
Gabriel CHOUKROUN, architecte
Guy MORISSEAU, ingénieur
Paul PIEFFET, économiste
H.G.M., bureau d'études fluides
Gaëlle LAURIOT-PRÉVOST, architecte-designer
Pablo GIL, infographie